4000v

HERMES

MUSICA E SPETTACOLO NEL NOVECENTO

Ricerche e Testimonianze / 3

Stefano Scardovi

L'opera dei bassifondi

Il melodramma 'plebeo'
nel verismo musicale italiano

Libreria Musicale Italiana

HERMES. MUSICA E SPETTACOLO NEL NOVECENTO

Collana del Dipartimento di Storia delle Arti e dello
Spettacolo, Musica, Teatro, Cinema ed Arti figurative
Università degli Studi di Firenze

Comitato scientifico
Marcello de Angelis (direttore), Giuliano Ercoli,
Siro Ferrone, Franco Piperno

Questo volume esce grazie al contributo della
Cassa Rurale ed Artigiana di Signa, Firenze

Le illustrazioni riprodotte nel volume sono state
cortesemente fornite dal Sig. Goffredo Gori di Prato

© 1994, Libreria Musicale Italiana Editrice
ISSN 1121–0486
ISBN 88–7096–066–8
Libreria Musicale Italiana Editrice, sas
I-55100 Lucca

Impaginazione e copertina:
Marco Riccucci

Promozione e distribuzione in Italia:
PDE, I-50019 Osmannoro, Sesto Fiorentino FI – via Tevere 54

INDICE

Elenco delle illustrazioni   IX

Prefazione   XI

1. La moda del dramma 'plebeo'   3
    1.1. La novità 'plebea'   3
    1.2. Definizione di dramma 'plebeo'   5
       1.2.1. Il rango sociale dei protagonisti (prima
           caratteristica)   6
       1.2.2. La struttura del *plot*: antagonismo a sfondo sessuale
           e finale tragico (seconda caratteristica)   7
       1.2.3. La contemporaneità del *plot* (terza caratteristica)   8
       1.2.4. La connotazione folklorica (quarta caratteristica)   9
    1.3. La letteratura critica   9

2. L'intreccio   11
    2.1. Trama 'semplice' e trama 'complessa'   11
    2.2. La trama d'amore   14
       2.2.1. L'adulterio punito   14
       2.2.2. L'abiezione morale punita   15
       2.2.3. Il sacrificio di un personaggio   18
       2.2.4. L'amore danneggiato da inganni o da volontà
           negativa   20
       Appendice. L'adulterio non punito. Un caso
           di autocensura: da *O' voto* a *Il voto*   21
           A. Da *O' voto* a *Mala vita*   23
           B. Da *Mala vita* a *Il voto*   26

3. I moduli stilistico-espressivi   29
    3.1. Il *rétro*   29
       3.1.1. Il *rétro* di *Tristi nozze*   30
       3.1.2. Ancora sul *rétro*   32
    3.2 Il 'canto-nel-canto'   35

4. La caratterizzazione geografico-folklorica   43
   4.1. La concezione del popolo nel melodramma 'plebeo'   43
   4.2. La '*couleur* locale'   47
      4.2.1. L'elemento linguistico   47
      4.2.2. Le scene di massa   50
      4.2.3. Gli usi e i costumi tradizionali   52
      4.2.4. La religiosità   53
          Appendice. *I gioielli della Madonna*   56
      4.2.5. L'elemento 'mafioso'   58

5. Catalogo dei libretti   61
   5.1. Struttura e convenzioni espositive   61
   5.2. Reperimento dei titoli   62
   5.3. Schede dei melodrammi in ordine di rappresentazione   64
   5.4. Indici analitici   144
      5.4.1. Indice dei titoli   144
      5.4.2. Indice dei librettisti   145
      5.4.3. Indice dei musicisti   148
      5.4.4. Indice dei luoghi di rappresentazione   149

ELENCO DELLE ILLUSTRAZIONI

1-2. *A Santa Lucia*. I personaggi di Ciccillo e Rosella interpretati da Roberto Stagno e Gemma Bellincioni in due cartoline d'epoca.

3. *Nozze istriane*. Allestimento del 1954 al Teatro Verdi di Trieste.

4. *Zingari*. Copertina del libretto per la prima rappresentazione dell'opera (Londra, 16 settembre 1912).

5. *La grazia*. Copertina del libretto per la prima rappresentazione dell'opera (Roma, 31 marzo 1923).

PREFAZIONE

Argomento del volume è il fenomeno dell'operismo 'plebeo', ossia di quella moda che caratterizzò il teatro musicale italiano del periodo 1890–1900 (sebbene non ne manchino propaggini persino negli anni Trenta) e che vide il succedersi di lavori ambientati in epoca contemporanea, con protagonisti appartenenti agli strati bassi della popolazione e con finali solitamente cruenti. Questa singolare e prolifica tipologia — valutata essenzialmente dal punto di vista dei libretti musicali — è naturalmente collegata alle poetiche realistiche che si svilupparono — soprattutto in ambito letterario — dalla seconda metà dell'Ottocento ed ebbe una vera e propria data di nascita: il 17 maggio 1890, giorno della prima rappresentazione di *Cavalleria rusticana* di Pietro Mascagni, su libretto di Giovanni Targioni Tozzetti e Guido Menasci tratto dall'omonima *pièce* letteraria di Giovanni Verga. Lo strepitoso successo ottenuto dal melodramma mascagnano, subito replicato in tutti i teatri del mondo, fece nascere altri prodotti del genere i quali, vuoi per la struttura drammaturgica a loro propria, vuoi per le caratteristiche di personaggi protagonisti richiamano abbastanza palesemente il capolavoro mascagnano.

La ricerca ha portato al reperimento di ottantaquattro libretti che vengono qui analizzati nelle loro caratteristiche drammaturgiche. Nel primo capitolo si dà una prima definizione di cosa si intenda per melodramma 'plebeo', cogliendone le caratteristiche formali. Si passa quindi (capitolo secondo) a formulare alcuni 'tipi' di trame abbastanza ricorrenti nei loro elementi principali. Si analizzano poi alcuni 'moduli espressivi' tipicamente 'plebei' o, al contrario, valutabili come 'sopravvivenze' romantiche (capitolo terzo) e quindi (capitolo quarto) si assume il *corpus* dal punto di vista dei contenuti folklorici e dei mezzi atti a esprimerli, toccando il problema della visione sostanzialmente 'reazionaria' che in questi testi si ha del popolo.

Il quinto capitolo è dedicato al vero e proprio catalogo dei melodrammi 'plebei', con frontespizi dei libretti e riassunto delle trame. Infine appaiono gli indici analitici.[1]

---

[1] I melodrammi che verranno citati in seguito e che non rientrano nel catalogo finale saranno sempre corredati dalle indicazioni indispensabili, e cioè cognome del librettista, del musicista e anno della prima rappresentazione, spesso in una forma abbreviata del tipo: *Turandot* (Adami – Puccini, 1926). Per quanto riguarda i melodrammi raccolti nel catalogo fi-

Mi assumo ogni responsabilità per eventuali inesattezze o lacune, mentre ho molti debiti per quanto di positivo questo testo possa contenere: ringrazio in primo luogo il direttore della collana Marcello de Angelis, per avermi dato l'opportunità della pubblicazione; quindi i responsabili delle varie biblioteche da cui deriva il materiale consultato: voglio ricordare la dottoressa Maria Adelaide Bacherini Bartoli della Nazionale di Firenze e il dottor Giorgio Fanan di Torino che mi ha messo a disposizione, con estrema cortesia, la propria collezione privata. Devo molto al mio professore, Franco Piperno, per avermi aiutato, consigliato e corretto durante tutto il mio lavoro[2] e devo molto inoltre a chi mi è stato vicino: i miei genitori e mia moglie Anna.

nale, si è ritenuto opportuno, per non appesantire la lettura, non apporre altre indicazioni oltre al titolo, rimandando appunto al catalogo per tutti gli altri dati; solo nel caso di opere omonime se ne specifica il librettista. Per riprodurre fedelmente le citazioni dai libretti, ma anche per renderle omogenee in tanti dettagli formali e grafici si è scelto di: 1) inserire la barra verticale (I) per indicare la fine del verso; 2) scrivere in maiuscoletto i nomi dei personaggi, seguiti dai due punti e dal testo delle battute; 3) scrivere in corsivo eventuali didascalie, precedute e seguite da una linea (—).

[2] Il presente volume deriva per buona parte da *Il melodramma 'plebeo' nel verismo musicale italiano*, tesi discussa alla Facoltà di Lettere e Filosofia dell'Università degli Studi di Firenze, anno accademico 1988–9.

L'OPERA DEI BASSIFONDI

1. LA MODA DEL DRAMMA 'PLEBEO'

1.1. *La novità 'plebea'*

L'esperienza operistica dei compositori che si è soliti definire — con termine forse semplicistico — appartenenti alla Giovane Scuola, si svolge all'insegna di una varietà nella ricerca di temi e di realizzazioni drammaturgiche affatto nuova rispetto all'esperienza verdiana.[1]

In questo ambito colpisce senza dubbio il succedersi, dal 1890 in poi, di tutta una serie di melodrammi con caratteristiche affini che, sull'onda del successo clamoroso di *Cavalleria rusticana* determinò una moda di breve durata quanto di profonda incidenza sui gusti del pubblico che, non lo si dimentichi, voleva il nuovo, il diverso, ma sempre inserito in determinati schemi consolidati.[2]

Naturalmente, la tipologia melodrammatica che verrà definita 'plebea' e che fra poco sarà descritta nelle sue caratteristiche distintive, non sarà valutata come un blocco a sé stante e indipendente, ma dovrà tenere conto della *langue* librettistica del periodo — fondamentalmente comune — in parte derivata dal melodramma romantico, in parte desunta da coeve esperienze letterarie come la novellistica, il romanzo d'appendice, il dramma e la commedia teatrale.

L'incidenza di questo 'filone' fu profonda: basti il fatto che nell'opinione dei contemporanei, e il discorso potrebbe valere ancora oggi, l'equazione Giovane Scuola (il Verismo) = dramma plebeo contemporaneo (e tutto si potrebbe riassumere nel binomio *Cavalleria rusticana – Pagliacci*) sembrò spesso ovvia, nonostante che la varietà degli argomenti librettistici del periodo in oggetto — pensiamo al gruppo 'liberty', al dramma stori-

---

[1] Così Luigi Baldacci: «[...] mentre il libretto romantico è portato a ripetere se stesso, le proprie strutture e le proprie situazioni, [...] il libretto nuovo [Puccini, Mascagni, eccetera] ha come caratteristica sua distintiva quella di cambiare, cioè non di essere uguale a se stesso come una perpetua variazione sul tema, ma quello di essere continuamente e costantemente un colpo di teatro» (da un intervento di Luigi Baldacci alla tavola rotonda «Libretti d'opera», in *Teatro dell'Italia unita*, Atti dei convegni (Firenze 9–11 dicembre 1977, 4–6 novembre 1978), a c. di Siro Ferrone, Il Saggiatore, Milano 1980, p. 290.

[2] Dato di fatto chiaro anche ai contemporanei: «La vera causa di questa prodigiosa riuscita [il successo della *Cavalleria* mascagnana] risiede molto semplicemente nell'abilità dell'editore di fine secolo che ha capito che oggi si deve sfruttare un'opera d'arte con gli stessi mezzi usati per un prodotto farmaceutico e per una derrata alimentare» (J. Chrysale su «La Liberté» del 21 maggio 1892; citato in FIAMMA NICOLODI, *Gusti e tendenze del Novecento musicale in Italia*, Sansoni, Firenze 1982, p. 26.

co, ai vari 'esotismi' — provi come il 'plebeo' non rappresenti che uno fra i molteplici campi di azione. A prescindere dalle forzature, bisognerà comunque notare che l'avvento sulla scena lirica di una umanità infima, in cui si mescolavano disinvoltamentente 'picciotti di sgarro', giocatori di morra, venditori ambulanti, donne di dubbia moralità,[3] rappresentò una novità che assurse appunto a emblema di quella Giovane Scuola che Massimo Mila definisce «estate di San Martino» del melodramma italiano.[4]

Scrissero melodrammi di questo genere i maggiori operisti del tempo (oltre a Mascagni: Leoncavallo, Puccini, Giordano, Cilea) ed anche alcuni la cui sensibilità condurrà poi a tematiche di ben altra natura (è il caso di Smareglia); altri (Tasca, Spinelli), grazie al successo eccezionale ottenuto — soprattutto all'estero — dai loro drammi 'plebei', godettero di certa notorietà, peraltro effimera.[5] Grandi librettisti (è il caso di Illica) si cimentarono più volte in questo prodotto che registrerà talora l'apporto dei grandi scrittori del cosiddetto realismo (Verga, ma anche la Deledda o De Roberto); in generale, tuttavia, non sono i nomi degli autori quelli che ricorrono, essendo appunto il prodotto in sé, con determinate caratteristiche, quello che ottiene successo, perché si fonda su ingredienti ben definiti e prontamente assimilati anche da autori minori. In quanto fenomeno paraletterario per eccellenza, il libretto operistico 'plebeo' (e il discorso si potrebbe comunque estendere al libretto per musica in genere) mostra certe caratteristiche le quali — per inciso — sono molto familiari all'industria cinematografica:

1. Degradamento della dignità artistica ad opera dei continuatori del 'genere', che sfornano prodotti mediocri, totalmente inverosimili riprendendone certi cardini (il delitto d'onore, la violenta tragedia finale, le scene di gelosia, un folklorismo di maniera, eccetera) e operando grossolani ricalchi, soprattutto nelle produzioni tenute a battesimo in provincia.
2. Sfruttamento della serie: non manca il vero e proprio *remake* (il caso delle tre versioni tratte da *Cavalleria rusticana* di Giovanni Verga) così come la 'serie' vera e propria (è il caso di *Santuzza*).[6]
3. Nascita di parodie (che presero di mira, peraltro, tutta la produzione della Giovane Scuola): ricordiamo qui, ad esempio, *Cavalleria rustico-napoletana* (Milano, Teatro Fossati, 1891), *Cavalleria rustico-romana* (rappresentata al Teatro Metastasio di Roma nello stesso periodo). Pa-

[3] *Mala vita*: Cristina è una prostituta, diciamo così, professionista; Sandra in *Lisia* e Maliella ne *I gioielli della Madonna* incarnano invece la figura della donna di facili costumi, moralmente riprovevole, al contrario di Cristina che è invece un personaggio positivo, alla ricerca di una redenzione nell'amore di Vito.

[4] Citato in RUBENS TEDESCHI, *Addio, fiorito asil. Il melodramma italiano da Boito al verismo*, Feltrinelli, Milano 1978, p. 102.

[5] Si rimanda, a questo proposito, a MARCELLO CONATI, *Mascagni, Puccini, Leoncavallo & C. in Germania*, «Discoteca», agosto 1976, pp. 18–25.

[6] Fu composto anche un *Silvio*, libretto di Borch e O. A. Smith, musica di Borch, rappresentato il 7 marzo 1898 a Christiania in Norvegia, che racconta il seguito dei *Pagliacci* di Leoncavallo (vedi ALFRED LOEWENBERG, *Annals of Opera, 1597–1940*, 2 voll., Genève 1955²).

rodie apparvero anche all'estero (ad esempio, *Artilleria rusticana*, rappresentata nel 1891 a Vienna).[7]

Caratteristiche di 'abbassamento' della materia narrata che richiamano il 'pauperismo plebeo' si riscontrano anche in melodrammi di altro genere a cui di sfuggita si fa cenno: nel terzo atto di *Manon Lescaut* di Puccini (1893) si assiste all'appello delle prostitute che devono essere imbarcate per l'America. Una scena di 'chiamata' simile la ritroviamo nel terzo atto di *Risurrezione* (Hanau – Alfano, 1904); questa scena di prigione, tra l'altro, presenta immagini abbastanza ardite: donne che si accapigliano lanciandosi offese («LE DETENUTE: La sua bocca è uno scrigno che contien dei tesori! Ad ogni dolce ghigno saltan le perle fuori! [...] LA KORABLEVA: Sfacciate! non ho denti? — *si slancia furibonda contro le detenute* — I° GRUPPO: No, non ne hai! LE ALTRE DETENUTE: Sai servirtene al caso? I° GRUPPO: Sì, facci vedere. [...]»); l'intenso rapporto di Caterina con l'alcool e con le sigarette («CATERINA: — *va ad accendere la sigaretta, poi, con voluttà, ne aspira alcune boccate* — Ah, finalmente!... Fa tanto bene!»).

Ma forse l'episodio più interessante è quello del terzo atto di *Iris* (Illica – Mascagni, 1898) e cioè la scena dei cenciaioli che razzolano tra il fango alla ricerca di qualcosa che valga la pena di essere raccolto e rivenduto («I CENCIAIOLI: La fogna è avara e muta! | L'uncino invan la scruta!») arrivando poi a litigarsi gli orpelli di Iris. Infine va ricordato il coro dei mendicanti nel primo atto di *Andrea Chénier* (Illica – Giordano, 1896): «[...] Affamati, languenti, | morenti, | noi cadiam sovra suoli infecondi! — *Gérard appare alla testa di una folla di gente stracciata e languente* — GÉRARD: Sua Grandezza la Miseria!» Si tratta di momenti isolati (nel caso di *Chénier*, con un trattamento linguistico molto di tradizione, nella scelta lessicale), che denotano una sostanziale settorialità del 'pauperismo', limitato dunque ai drammi 'plebei' propriamente detti.

1.2. *Definizione di dramma 'plebeo'*

Va premesso che si è optato per l'esclusione di opere di scuola straniera,[8] mentre sono compresi lavori di scuola italiana che ebbero all'estero la loro prima rappresentazione.[9] La ricerca di drammi da inventariare come 'plebei' non è partita, all'origine, avendo a disposizione coordinate ben definite su cui appoggiarsi; naturalmente si sarebbero potute seguire altre strade che avrebbero portato a un restringimento del *corpus* o — al contrario — a un suo allargamento; converrà allora esaminare queste possibili e differenti direttrici.

[7] Si rimanda a CONATI, *Mascagni, Puccini, Leoncavallo & C. in Germania.*
[8] Un discorso a parte meriterebbe il verismo francese di Charpentier, Bruneau o del Massenet di *Navarreise*: interessante soprattutto il caso di Alfred Bruneau (1857–1934) che scrisse molte opere su soggetti di Zola (ad esempio *Le rêve*, 1891, *L'attaque du moulin*, 1893).
[9] Non si è inserito, pertanto, il *Silvio* citato precedentemente (cfr. nota 6).

Limitare le opere del *corpus* a quelle in cui trova posto alla fine il delitto d'onore avrebbe potuto essere legittimato dal fatto che nell'opera-base della serie 'plebea' — *Cavalleria rusticana* di Targioni Tozzetti – Menasci — si riscontra appunto questo evento finale; e così pure nell'ultimo capolavoro della serie, *Il tabarro*, che per la sua data di rappresentazione (1918) assume il significato non tanto di ultimo stanco prodotto di un genere, quanto di riproposizione intellettualmente mediata di un *cliché*. Anche la struttura in un atto che caratterizza i due lavori si rivela abbastanza tipica delle opere 'plebee', ma assumere questo come caratteristica basilare porterebbe ad escludere lavori come *A Basso Porto* o *A Santa Lucia* che mostrano un intreccio più complicato cui mal si sarebbe adattato un solo atto; lavori come questi ultimi, di grande successo per una certa immagine che — al di fuori del nostro paese — fornirono del meridione italiano, non possono essere espunti dall'esame del fenomeno. Si è preferito, pertanto, adottare un criterio più elastico e, semmai, costituire sottogruppi al momento dell'analisi dell'intreccio.

1.2.1. *Il rango sociale dei protagonisti (prima caratteristica)*

Per sua definizione, il dramma plebeo deve svolgersi fra una popolazione che possiamo definire genericamente di tipo umile: pescatori, montanari, operai, popolani in genere; solo sporadicamente l'elemento borghese vi farà parte. È il caso di *Lisia*, in cui Sandra, donna di un certo livello sociale, entrerà come elemento estraneo nella vita dei villici Nencio e Lisia, disgregando la relativa pace che fino ad allora era regnata nel villaggio. Il dramma scaturisce dai sentimenti schiettamente popolani della mite Lisia che si ribella alla maliarda seduttrice, difendendo il fidanzato. Nel libretto di *In congedo*, il *plot* è basato sul dramma morale di Giannina che, dopo essere stata sedotta dal ricco Roberto, viene da questi abbandonata in favore di una donna di rango superiore. Anche in *Rosella* (Dessannai) il nobile Zuà promette il suo amore alla protagonista, per poi mettersi con una «Tisica civetta, | tutta galanteria e tutta boria». In queste e in altre opere (*Forturella*, *Calendimaggio*, *Dopo la gloria*, *Mariedda*) si riscontra la tipologia del ricco nobilotto o del 'signore' che si avvale della propria posizione per sedurre fanciulle indifese. Si dà poi il caso di melodrammi che risentono degli influssi della commedia borghese: nella *Martire* abbiamo episodi 'borghesi' come l'arrivo dei due cantanti al *café-concert* dove si esibisce Nina Fleurette. Tutto questo per puntualizzare come meccanismi propri del dramma o della commedia borghese si riscontrino anche in molti lavori 'plebei' (fenomeno della sovrapposizione di comportamenti borghesi a personaggi plebei); la moda 'plebea' fu presto affiancata dal melodramma borghese, da cui assimilò, come vedremo, diverse componenti. Si può accennare, per contro, al fatto che anche il popolo aveva conosciuto in passato la ribalta operistica[10] in un melo-

---

[10] È il caso, ad esempio, dell'irruzione popolana nella sala del consiglio in *Simon Boccanegra* di Verdi.

dramma come quello romantico, fatto di grandi passioni (tralasciamo l'opera comica o di mezzo carattere, che per tradizione ha sempre ospitato anche personaggi 'ignobili', nel senso che dà alla parola Gennaro nella *Lucrezia Borgia* di Donizetti); ma si trattava appunto di elementi di cornice rispetto al nucleo delle passioni gestite, per così dire, dai 'personaggi', questi sempre appartenenti ad un livello elevato.

1.2.2. *La struttura del* plot: *antagonismo a sfondo sessuale e finale tragico (seconda caratteristica)*

Una seconda caratteristica, anche questa volta praticamente imprescindibile, riguarda direttamente il *plot* drammatico: le vicende devono presentare un antagonismo a sfondo sessuale e sfociare in una conclusione tragica. Alcuni melodrammi fanno eccezione a questo secondo punto[11] e — talvolta — presentano uno scarto improvviso verso il lieto fine (è il caso di *Iglesias* e de *La grazia*). L'analisi delle vicende verrà svolta più oltre, nelle varianti riscontrate; basterà ora sottolineare come l'antagonismo a sfondo sessuale sia talora relegato all'antefatto (*Dramma in vendemmia*, *Ave Maria*, *Refugium peccatorum*, oltre a *Santuzza*, vera e propria appendice della *Cavalleria* mascagnana).

Un accenno va fatto a lavori che vengono esclusi dal *corpus* in quanto non soddisfano alla caratteristica in oggetto. È il caso di *Lodoletta* di Mascagni, su libretto di Giovacchino Forzano (1917): storia 'umile' che ha per protagonista una giovane popolana che muore intirizzita dal freddo guardando dall'esterno una ricca festa a cui partecipa l'amato Flammen. In quest'opera la tragedia finale non è provocata da un antagonismo d'amore, anzi, rapporti di antagonismo non sono presenti nella trama, e questo toglie al lavoro la caratteristica di dramma a fosche tinte. Un altro lavoro in cui è forte la componente del 'pauperismo' ma che si è escluso dal catalogo è *Mese mariano* (Di Giacomo – Giordano, 1910); anche in questo caso il rango sociale dei protagonisti è umile, come scarna è la vicenda.[12] Si tratta, in questo caso, di un altro volto del fenomeno verista, più ripiegato verso senti-

---

[11] *Iglesias, La grazia, Santuzza, A Cannaregio*; manca — in quest'ultimo caso — oltre alla conclusione tragica, anche l'antagonismo a sfondo sessuale, dato che il conflitto fra Titanane e Momi è cagionato dalla rivalità sportiva anziché da ragioni di donne. Si è accolta anche quest'opera nel *corpus* per la contemporaneità della vicenda (vedi il paragrafo 1.2.3) e la forte connotazione regionalistica, presente anche nel sottotitolo — «scene veneziane» — e confortata dall'uso del dialetto in alcune parti dell'opera (vedi il paragrafo 1.2.4).

[12] La scena si svolge «a Napoli, a' giorni nostri» all'«Asilo infantile, annesso al Reale Albergo dei Poveri». Alcune suore stanno istruendo i bambini per ricevere degnamente la visita di una contessa; questa arriva e la piccola Valentina recita una poesia scritta dal rettore Don Fabiano; questi riceve i complimenti dell'ospite, la quale prosegue la visita. Giunge Carmela, la madre di Nino, un bambino dell'asilo, chiedendo di poter vedere suo figlio. La accoglie Suor Pazienza, sua vecchia amica, che l'aiuta a raccontare alla Superiora la sua storia: Carmela, giovanissima, si mise con un uomo da cui ebbe un figlio; l'uomo, in seguito, la lasciò e Carmela si sposò con un altro, il quale però volle che Nino fosse mandato via. Seppure a malincuore, Carmela dovette accettare la richiesta del marito e il figlio, dopo

menti intimi e privati, laddove il dramma 'plebeo' scatena reazioni estrover-
se, sfide, imprecazioni, sfoghi violenti. Il *plot* è privo di reali sviluppi drammatici, salvo la notizia della morte del piccolo, che viene, però, nascosta a
Carmela. Va puntualizzato — infine — che alcuni intrecci 'plebei', pur preve-
dendo l'antagonismo sessuale, non terminano necessariamente con la classica uccisione, ma con una azione di 'ripiegamento' di un protagonista (è il
caso dei suicidi di *La martire* e *La collana di Pasqua* a cui non è estraneo
l'influsso del teatro di prosa e dei finali tragici da grande attrice).

1.2.3. *La contemporaneità del* plot *(terza caratteristica)*

Lo svolgimento della vicenda in ambito contemporaneo alla rappresentazione è un'altra caratteristica importante, forse la più eclatante di
tutte, sicuramente la più innovativa, ma non vincolante in assoluto. Va
premesso — inoltre — che il lasso temporale che separa i primi melodrammi 'plebei' dai prodotti tardi non permette una schematica divisione
in opere 'contemporanee' e non — l'indicazione «epoca presente» di un
melodramma del '90 non equivale evidentemente a quella apposta sul
frontespizio, poniamo, di *Ave Maria* (1934) — la maggior parte dei melodrammi indica una specificazione temporale come «epoca presente», «ai
giorni nostri», eccetera (quarantatré melodrammi su ottantaquattro). In
ventitré casi i drammi si svolgono in epoca precedente a quella di rappresentazione, il più delle volte nell'Ottocento, talora (cinque casi) nel
secolo precedente e comunque mai prima. Va sottolineato come nel
gruppo delle opere 'contemporanee' figurino alcuni melodrammi molto
tardi come *Il pastore* («il secolo scorso», rappresentato nel 1920), *La
vampa* («sul finire del secolo scorso», rappresentato nel 1919) e *Lucania*
(«epoca 1880», rappresentato nel 1921) fino a *Grazia* («sul finire del
1800», rappresentato nel 1934), esempi interessanti in cui si rivela una
sorta di 'storicizzazione' della materia trattata: oramai il 'plebeo' rappresenta una tipologia d'epoca, cui necessita una datazione passata rispetto
alla rappresentazione; con questi melodrammi la contemporaneità tipicamente 'plebea' viene sostituita da un passato spesso con caratteristiche
mitiche (si veda la seguente didascalia de *Il pastore*):

L'EPOCA

Ai giorni in cui infieriva in Calabria il brigantaggio, e la gelosia, l'odio, la sete
di vendetta erano sempre, o quasi, il complesso, la sintesi, la fonte e la causa

---

la morte della donna che se ne era preso cura, fu mandato all'asilo infantile. Carmela attende impaziente di vedere il piccolo, ma giunge Suor Cristina, dicendo alle altre suore presenti che questi è morto. Nessuno ha il coraggio di dire la verità alla madre: allora Suor Cristina le dice che a quell'ora è impossibile incontrare i bambini, che stanno sfilando in
processione per portare i fiori alla Madonna, in Chiesa; al passaggio dei bimbi, Carmela
cerca di vedere Nino, ma non vi riesce: vorrebbe raggiungerlo ma viene trattenuta e convinta a tornare in un'altra occasione; mentre si allontana, Carmela ode il canto dei bimbi e,
convinta di udire la voce di Nino, se ne va felice.

vera di tutti gli orrori di quella terra, dove pur fioriva, talvolta, tra l'urto incom-
posto delle passioni più ardenti e selvaggie [sic], il mite fiore del sentimento.

Infine, diciotto casi non presentano specificazioni temporali di alcun tipo.
In generale si può affermare che, qualora nel melodramma siano presenti le prime due caratteristiche fondamentali (rango sociale dei protagonisti, antagonismo sessuale), l'epoca di svolgimento precedente alla rappresentazione non inficia la pertinenza di un'opera nell'ambito del *corpus*.

1.2.4. *La connotazione folklorica (quarta caratteristica)*

L'ultima caratteristica peculiare a molte opere in oggetto è la connotazione in senso folklorico, notevolissima in molti lavori, soprattutto di am-
bientazione meridionale; ma bisognerà subito aggiungere che, di fronte ad
opere a forte tinta regionalistica, ottenuta attraverso il linguaggio (*A «San
Francisco»* è scritta interamente in dialetto napoletano, altri melodrammi
prevedono inserti in dialetto, in occasione di canzoni) o attraverso un repertorio di usi e costumi (il morso di Turiddu a Alfio nelle «Cavallerie», le
numerose tarantelle, eccetera), abbiamo pure una serie di prodotti che si
caratterizzano, all'opposto, per il loro 'grado zero' di specificità folklorica e
che si è naturalmente deciso di inserire.

1.3. *La letteratura critica*

L'argomento preso in esame non conta, a tutt'oggi, una vera e propria
letteratura critica. Esso è stato via via toccato in varie storie dell'Opera e
della librettistica da numerosi studiosi che si sono occupati dell'operismo
italiano nel periodo 1890–1910, oltre che nel corpo di biografie di musi-
cisti come Mascagni, Puccini, Leoncavallo, eccetera; ma una analisi det-
tagliata sul corpus di opere in oggetto manca, se si esclude l'articolo di
Rodolfo Celletti, *Il melodramma delle aree depresse. Miseria e nobiltà del
Meridione nelle opere dei veristi minori*[13] che inquadra intelligentemente
il problema, pur nei limiti ovvi di uno scritto di una decina di pagine. Esso fornisce una prima lista di titoli che ha rappresentato la base di partenza per la ricerca.
Ai titoli riportati da Celletti se ne sono aggiunti altri: di alcuni, probabilmente, lo studioso non era a conoscenza; in altri casi (*L'arlesiana*,
Amica), l'esclusione è dovuta certamente a una scelta; tuttavia, alla luce
delle caratteristiche di pertinenza precedentemente elencate, ritengo di
includere anche questi ultimi titoli nel *corpus*.
Sulle singole opere, a parte i titoli più famosi come *Cavalleria rusticana* di Mascagni, *Pagliacci*, *Tabarro*, che contano una letteratura critica
molto ampia, vi sono gli articoli, sempre di Celletti, su *Mala vita* e su *La*

---

[13] «Discoteca», 21 e 22, 15 giugno e 15 luglio 1962, pp. 18–24 e 20–5.

Tilda.[14] Infine, le pagine di Giuliano Balestrieri sulle diverse versioni operistiche della *Cavalleria* verghiana;[15] di Alberto De Angelis sul progetto 'plebeo' di Leoncavallo, *Tormenta*,[16] e un capitolo del lavoro di Peter D. Wright dedicato in modo particolare all'opera di Spinelli *A Basso Porto*.[17]

Risulta dunque chiaro che i titoli citati in questo paragrafo costituiscono l'unica specifica bibliografia sull'argomento, e che la ricerca si è svolta essenzialmente sulle fonti librettistiche. Per questo motivo non ho ritenuto utile appesantire il volume con una bibliografia, più o meno generica, sull'operismo della Giovane Scuola.

---

[14] *Mala vita*, «L'Opera», gennaio–marzo 1966, *La «Tilda» di Cilea*, «Discoteca», agosto 1976, pp. 8–11.

[15] *Le tre Cavallerie*, «La Scala», 24 ottobre 1951, pp. 27–30.

[16] *Il capolavoro inespresso di Ruggero Leoncavallo? «Tormenta»: opera di soggetto sardo*, «Rivista Musicale Italiana», xxx 1923, pp. 563–76.

[17] PETER DOUGLAS WRIGHT, *The Musico-Dramatic Tecniques of the Italian Verists*, Ph.D. Diss., New York, University of Rochester, 1965.

2. L'INTRECCIO

2.1. *Trama 'semplice' e trama 'complessa'*

Volendo estrarre dall'opera 'plebea' la sua struttura-tipo, non v'è dubbio che questa risulterà costituita da un singolo atto drammatico. Se alcune opere del *corpus* in oggetto sono di due o tre atti e si inseriscono dunque nella tradizione melodrammatica più consueta, si può senz'altro affermare che la struttura in un atto, magari con la tipica cesura rappresentata da un «intermezzo sinfonico» fu quella che riuscì a fondersi meglio con un certo tipo di contenuti e tecniche drammatiche.[1] Peraltro, la struttura in un atto si ritrova in altre opere della Giovane Scuola, ad esempio *Zanetto* (Targioni Tozzetti, Mensaci – Mascagni, 1896). Trentotto titoli su ottantaquattro sono in un atto unico; fra questi, alcuni prevedono due «quadri» o «parti», laddove *Pagliacci*, *Cavalleria* (Monleone) e *Il mistero* si avvalgono di un prologo. Da notare, infine, come la percentuale di opere in un atto cresca nei titoli del periodo tardo (da *Il pastore* a *Tabarro* e a *Bardana*) in cui l'elemento della riproposizione intellettualmente mediata di un *cliché*, quello 'plebeo', trova nella forma in un atto drammatico una caratteristica evidente.

In generale, si può notare come buona parte delle opere 'plebee' (e non solo quelle in un atto) presenti una *tranche de vie* priva di un vero sviluppo drammatico; o, quanto meno, in cui lo sviluppo drammatico esiste ma in grado minimo, senza le complicazioni tipiche di molte complesse trame del teatro romantico. Spesso la tragedia finale, la catarsi, è resa inevitabile già dagli elementi presenti nella situazione di partenza: la consequenzialità amore – morte di *Cavalleria rusticana* di Mascagni è subito affermata all'inizio della vicenda, con il canto fuori scena di Turiddu: «[...] | Ntra la porta tua lu sangu è sparsu, | e nun me mporta si | ce moru accisu... | e s'iddu moru e vaju mparadisu | si nun ce truovo a ttia, mancu ce trasu».

Nel *Tabarro* il dramma può esplodere da un momento all'altro; i due amanti temono di essere scoperti ma, nel contempo, sfidano il pericolo, inebriati da esso:

---

[1] «A differenza di altri che, in più ampi limiti, trattò lo stesso argomento, togliendolo letteralmente da una delle più colorite e popolari novelle napoletane di S. di Giacomo, — il librettista di *Rosella* ha voluto invece circoscriverne l'azione in un solo atto, onde il movimento drammatico riuscisse, teatralmente, più serrato ed incalzante; e perciò di maggiore interesse» (prefazione di C. A. Blengini a *Rosella*).

GIORGETTA: — *sommessa, ma con ardore* — O Luigi! Luigi! — *e come Luigi fa l'atto di avvicinarsi, essa con un gesto lo ferma* — | Bada a te! Può salir fra un momento! | Resta pur là, lontano! | LUIGI: Perché dunque inasprisci il tormento? | Perché mi chiami invano? | [...] GIORGETTA: Sì, mio amore... Ma taci! | LUIGI: Quale folle paura ti prende? | GIORGETTA: Se ci scopre è la morte! | [...]

Certo, quasi sempre vi è una funzione drammaturgica che dà origine al dramma finale: la delazione di Santuzza/Carmela nelle «Cavallerie», quella di Tonio (*Pagliacci*), Vilma (*Treccie nere*), Cicco (*Festa a Marina*); il racconto mendace (Vilma in *Treccie nere*, Nanni in *Dore*); l'arrivo inaspettato dell'antico amante (*Labilia*, *Nozze!*, *Ornella d'Abruzzo*), poco prima del matrimonio che la donna avrebbe dovuto contrarre con altro uomo; l'arrivo della madre fedifraga (*Mastro Giorgio* e *Dramma in vendemmia*) che mette in crisi il tranquillo *ménage* familiare; la casuale scoperta dell'adulterio (*Silvano*, *Cieco*, *Il tabarro*); il racconto di Silvia a Tebaldo (*Sull'Alpi*), per cui l'uomo giura di vendicarsi contro chi insidia la sua donna. Ma è raro il caso di un *plot* molto ricco di 'accidenti' che servano a complicare l'azione e a generare nuovi sviluppi drammatici. Gli intrecci a 'trama semplice', propri dei titoli citati e di altri, hanno una struttura che potremmo definire dunque a due movimenti laddove, a un primo momento in cui le «posizioni»[2] in campo sono di un certo tipo (ad esempio: A ama B; il marito C ignora) si contrappone un secondo momento (C viene a conoscenza della situazione) per cui ha luogo il dramma finale.

Ciò non significa che manchino, pure in ambito 'plebeo', moduli di tipo romantico, con trame complesse, notevoli dilatazioni temporali delle vicende, sviluppo dei caratteri (e dunque l'assunzione nel corso della vicenda di differenti «ruoli attanziali» da parte dei personaggi).[3] Questo tipo di trame, che risentono senz'altro, oltre che dell'esempio romantico, di tutta la letteratura d'appendice del tempo, permangono nel melodramma della Giovane Scuola.[4] Nel *corpus* 'plebeo', caso limite è *La collana di Pasqua*, che nel terzo atto presenta una serie di equivoci causati dal tentativo di Drea di rendere a Pasqua la collana, per sciogliersi definitivamente dal legame con Pasqua. Altro esempio di melodramma a trama complessa è *Nozze istriane*, il cui momento centrale è rappresentato dalla restituzione dei pegni d'amore: la situazione ingenera gli equivoci per cui i due giovani si credono sciolti da ogni legame reciproco. In quest'opera è fondamentale la figura del sensale Biagio, orchestratore dell'inganno e vero e proprio 'tuttofare' da melodramma giocoso, una specie di Figaro rossiniano di segno negativo. A parte questi esempi, abbiamo altre opere

---

[2] «Definiremo 'posizione' l'insieme dei rapporti formalizzati che legano o contrappongono successivamente i personaggi principali»; MARIO LAVAGETTO, *Quei più modesti romanzi. Il libretto nel melodramma di Verdi*, Garzanti, Milano 1979, p. 48.

[3] Si assume la definizione di Algirdas Jiulien Greimas fatto proprio in ambito librettistico da LAVAGETTO, *Quei più modesti romanzi*, pp. 41–58.

[4] Ad esempio, in *Andrea Chenier* (Illica – Giordano, 1896), Carlo Gerard si prospetta prima come 'oppositore', poi come 'aiutante', sebbene infruttuoso, di Chenier e Maddalena: «GÉRARD: L'atto d'accusa è orribile menzogna. | F. TINVILLE: Se tu l'hai scritto?! | GÉRARD: Ho denunciato il falso e lo confesso. | [...]».

che presentano trame maggiormente organizzate rispetto alla semplicità del tipo-*Cavalleria*: è il caso di *Mala vita / Il voto*, *A Santa Lucia*, *Claudia*, *A Basso Porto*, *Padron Maurizio*, *Rosedda*, *Maià*, che hanno una trama abbastanza sviluppata in senso cronologico; l'articolazione maggiore di questi lavori porta spesso con sé una ricchezza psicologica dei protagonisti che nei melodrammi brucianti, più elementari, spesso sono tratteggiati in modo meno curato.

Tornando alle opere a trama semplice, si può notare una analogia con il modello letterario rappresentato dalla novella. Il 'verismo' letterario di Verga, D'Annunzio, Ciampoli, Misasi, così diverso, peraltro, nei vari autori, trovò forse nella forma novellistica la sua perfezione.[5] Mancò quasi del tutto, in Italia, un realismo attuato con le strutture proprie di quello francese, grandi affreschi ciclici come i *Rougon-Macquart* di Zola, e il nostro verismo preferì esprimersi nel bozzetto, nell'episodio cronologicamente circoscritto, con pochi caratteri semplici e passioni immediate. Possiamo dire che l'opera a trama 'semplice', breve, con i suoi elementari meccanismi fu una specie di *pendant* alla novella letteraria, laddove il 'verismo' romanzesco (soprattutto quello in costume, fosse esso di tipo storico, *Andrea Chénier*, o esotico, *Madama Butterfly*) si apparentò al romanzo d'appendice, con frequenza di agnizioni e storie a incastro. Per quanta poca importanza si possa attribuire, nell'operismo italiano, alle dizioni che accompagnano i melodrammi («dramma lirico», «opera», «melodramma», «tragedia lirica» sono termini privi di una loro specifica distinzione), si deve comunque notare come molti prodotti 'plebei' presentino nel frontespizio apposizioni quali «scena», «novella scenica», «bozzetto», a volte aggettivati geograficamente («siciliano», «napoletano»).[6]

Dovendo tentare una tipologia delle trame che caratterizzano il dramma 'plebeo', ho preferito isolare alcuni tragitti senza pretendere di arrivare a uno o più 'archilibretti' ma fornendo dei 'tipi' abbastanza singolari e, in certa misura, innovativi rispetto al melodramma coevo e passato. Chiarisco subito, e lo si vedrà nei dettagli in seguito, che alcuni melodrammi assommano caratteristiche tali che li legano anche a tipi differenti da quello di base. In una produzione non omogenea, come quella delle opere plebee, che presenta autentici capolavori accanto a esiti artisticamente scarsi, non deve preoccupare la presenza di opere difficilmente inseribili in tipologie precise. Quello che segue è, pertanto, un

---

[5] Ricordiamo le raccolte verghiane (*Vita dei campi*, 1880, *Novelle rusticane*, 1883); i *Racconti calabresi* (1881) e *In Magna Sila* (1883) di Nicola Misasi; i *Racconti abruzzesi* (1880) e *Fra le selve* (1890) di Domenico Ciampoli; le varie raccolte dannunziane, poi riprese per buona parte nelle *Novelle della Pescara* (1902).

[6] Si riporta un elenco di opere di questo tipo: *A Cannaregio* («scene veneziane»), *Festa a Marina* («bozzetto lirico»), *A Basso Porto* («scene napoletane»), *La martire* («novella scenica»), *Maruzza* («scene liriche popolari»), *Vendetta sarda* («bozzetto drammatico»), *Jana* («scene sarde»), *Silvano* («dramma marinaresco»), *Refugium peccatorum* («scene popolari»), *Dramma in vendemmia* («bozzetto»), *A «San Francisco»* («scena lirica napoletana»), *La collana di Pasqua* («scene liriche»), *Sacrificio* («scene liriche»), *Rosella* («scene liriche»), *Celeste* («scene della vita di campagna»), *Maricca* («acene liriche»), *Iglesias* («bozzetto»), *Calendimaggio* («scene drammatiche»), *Il mistero* («scene siciliane»).

semplice tentativo basato su una normale valutazione dei 'contenuti' ideologico-drammatici; d'altronde, l'analisi librettistica, e questo vale per tutti i periodi storici, è di per sé incompleta in quanto il libretto non è un organismo autosufficiente, non è fatto per essere letto a tavolino. Nondimeno, una analisi che verifichi determinati assunti ideologici è destinata a essere integrata dall'elemento musicale, non mai a esserne corretta o smentita.

2.2. *La trama d'amore*

2.2.1. *L'adulterio punito*

Il melodramma in genere, ed in special modo quello dell'epoca romantica, ha come struttura base quella della vicenda amorosa; da questa considerazione, peraltro ovvia, si deve partire per esaminare il corpus 'plebeo' valutandolo in sostanza come 'variazione sul tema' che prevede alcune peculiari occorrenze, queste sì proprie e specifiche. Se diamo infatti uno sguardo generale alla produzione verdiana, vera e propria *langue* di intrecci e di situazioni drammaturgiche, notiamo come in molti lavori la vicenda amorosa, e dunque 'privata', sia in assoluta evidenza,[7] altre volte l'intreccio è composto, il rapporto amoroso, più o meno contrastato, si muove all'interno di una vicenda a carattere storico che privilegia i grandi contrasti politici (*I vespri siciliani, Don Carlos*) o complessi rapporti di odio fra consanguinei (*I lombardi alla prima crociata, I masnadieri*). Solo in un'opera, *Macbeth*, risulta praticamente assente qualsiasi rapporto d'amore fra i personaggi. Senza voler fare un'analisi tipologica delle vicende verdiane, basti notarne una caratteristica, e cioè l'assoluta moralità dei legami amorosi in esse presenti. In generale, gli amanti si possono legittimamente desiderare e quello che li ostacola e che innesca l'intreccio può essere: a) la rivalità di un oppositore, non necessariamente amante anch'egli la donna (*Oberto, Alzira, Ernani, Trovatore, La forza del destino*); b) un 'principio di dovere' motivato politicamente, come l'ingiusto esilio di Jacopo Foscari ne *I due Foscari* o la rivalità siculo-francese ne *I vespri siciliani*, o — altresì — motivato da concezioni morali che implicitamente vengono considerate ingiuste (*La traviata*); c) un inganno o un equivoco (*Attila, I masnadieri, Luisa Miller, Otello*). Un'unica opera prevede un vero adulterio, ed è *Stiffelio* (1850).[8] L'essere Stiffelio un pastore protestante, sposato, rendeva la vicenda molto ardita per i tempi; ma nonostante, come accennato, si riscontri in questa opera un adulterio (quantunque precedente alla vicenda vera e propria), l'inizio della trama vede Lina già pentita di ciò che, per debolezza e solitudine ha commesso.

---

[7] *Oberto, conte di San Bonifacio, Luisa Miller, Stiffelio / Aroldo, Un ballo in maschera, Aida.*

[8] Poi rifatto sette anni dopo come Aroldo, retrodatando l'azione — contemporanea in *Stiffelio* — al 1200; opera piuttosto anomala che, non a caso, creò problemi di censura che costrinsero Verdi a rappresentare in seguito il melodramma col titolo di *Guglielmo Wellingrode*, ambientato nel XV secolo.

Agli occhi del pubblico si presenta di nuovo positiva e dunque meritoria del perdono finale da parte del marito.[9]

Dunque, in nessuna opera verdiana si assiste al tradimento del consorte perpetrato nell'ambito dell'intreccio. Nel *corpus* 'plebeo', invece, questo accade molto frequentemente e rappresenta il primo generale tipo di trama, da *Mala Pasqua* (1890) e *Cavalleria rusticana* di Mascagni (1890) fino a *Grazia* (1934). Generalmente è la donna a essere sposata, ma ne *Il mistero* a essere sposato è l'uomo e, comunque, il ruolo di punitore è assunto dal padre della donna. Variano le prospettive di 'simpatia' dei personaggi,[10] la punizione finale che generalmente colpisce il seduttore (i melodrammi da *Cavalleria* di Verga, *A «San Francisco»*, *Mara*, *Il tabarro* e altri), ma può anche compiersi su entrambi (*Pagliacci*, *Zingari*). In *A «San Francisco»* l'adulterio è consumato precedentemente al dramma vero e proprio, che risulta quindi essere un lungo gioco del gatto col topo, fra il marito e il seduttore che comprende ben presto di essere stato individuato. In alcuni casi vi è la figura del delatore, che può essere un povero ubriacone (Cicco in *Festa a Marina*), un amante respinto (Neri in *Mara*), un 'perfido' allo stato puro (Taddeo in *Pagliacci*) oppure il motore espressivo della storia, come nel caso di Santuzza/Carmela, nelle «Cavallerie». Va infine rilevato il peso che in alcune trame assume il concetto di delitto d'onore: notevole il caso de *La grazia*, in cui la punizione verso Elias assume le caratteristiche di una esecuzione con tanto di processo (l'appartenenza del melodramma alla tipologia in oggetto non viene inficiata dal singolare 'lieto fine').

Le vicende della tipologia descritta sono così schematizzabili:

A ama — riamato — B
C (marito di A) li scopre
C uccide A (oppure B) (oppure A e B)

2.2.2. *L'abiezione morale punita*

In *Dopo l'Ave Maria*, un vero e proprio colpo di scena finale delude le strutture d'attesa del pubblico e conduce un melodramma il cui naturale sbocco avrebbe potuto essere la punizione del rapporto adultero da parte

---

[9] Rapporti di attrazione extraconiugale li troviamo in altre tre opere: *La battaglia di Legnano*, *Un ballo in maschera* e *Don Carlos*. Le prime due sono abbastanza affini in quanto, pur nell'ambito di vicende totalmente differenti, presentano la situazione dell'amore fra la donna e l'amico del marito di questa; sono però legami sentimentali che non conducono a una situazione di colpa: la colpa, nella *Battaglia*, è — semmai — che Lina non abbia atteso fiduciosa il ritorno di Arrigo e lo abbia anch'ella creduto morto, legandosi quindi a Rolando. In quest'opera, come nel *Ballo*, l'amicizia prevale sui sentimenti amorosi e Arrigo, come Riccardo, professa all'amico la fedeltà della donna. Anche nel *Don Carlos* la situazione di amore colpevole non trova sfogo.

[10] Nelle «Cavallerie» Lola è un personaggio di segno negativo. E così Fleana (*Zingari*), che disprezza la sofferenza di Radu: la partecipazione emotiva del pubblico va quindi alla figura del marito tradito, alla vera vittima degli eventi. Stesso discorso per l'infelice Jeli in *Mara*. Talvolta, invece, la 'simpatia' va agli adulteri (il caso di *Pagliacci* o del *Tabarro*).

di Marziale, nell'ambito di un altro tragitto ricorrente che caratterizza molti titoli: la punizione finale di un personaggio moralmente abietto.[11] Appunto, in *Dopo l'Ave Maria*, tutto sembra preludere alla punizione di Gianni e Rita:

> MARZIALE: Un uom m'offese!... | [...] | La più tremenda | Offesa che contamina l'onore | Con trent'anni di nota probità! | [...] | Morir ei deve! | BEPPE: Uccider dunque?... Un assassinio!... | MARZIALE: Se alcun t'insidia tu ti difendi.

ma al momento di uccidere gli adulteri, Beppe rivolge il fucile verso Marziale, poiché fu questi il colpevole dell'ignobile violenza verso la povera Maria, di cui aveva raccontato la storia a Rita e quindi agli spettatori in precedenza: «BEPPE: Saldai la mia partita. | La mia povera bimba ho vendicato!». Da sottolineare, in questo e in altri casi, la carica morale che viene impressa dalle battute finali dell'opera: in *Tradita!* («MARIA — *terribile* —: Cain fra i traditori, | piega la fronte... e muori!»); in *Mariedda* («PIERO: Egli l'insidiava, ed io l'uccisi!»); in *Padron Maurizio* («LUCIA: Che mio padre nol' sappia. | Ho ucciso un uomo... Il vile | che mi togliea l'onor.»); e, apoditticamente, l'ultima battuta di *Celeste*: «MICHELE: Oh! amore, amore mio sei vendicato! | — *poi verso la folla che gli si fa attorno* — M'ha rubato la donna, e l'ho scannato!»;[12] e, ancora, in *Dopo la gloria* («TORE: Nessun mi tocchi. Al mio | fato non mi sottraggo e fermo aspetto | la giustizia degli uomini e di Dio»), in *Lucania* «SILVESTRO: Io di pugnal l'ho ucciso, | Di mia sorella vendicai l'onor! | — *come belva* — Io l'uccisi!»).[13]

La tipologia in esame prevede, *grosso modo*, tre sottogruppi; il primo, e più interessante in quanto ideologicamente molto nuovo nel panorama operistico, si può definire 'punizione del seduttore che si sottrae alle proprie responsabilità di fronte alla donna': i titoli in cui questa situazione è maggiormente esemplificata sono *In congedo* e *Celeste*; il seduttore è di livello superiore per ceto economico (Roberto, *In congedo*; Don Zuà, *Rosella* di Dessannai) o socio-culturale (il pittore Andrea in *Celeste*). Il vendicatore è fratello della sedotta (*In congedo*) o spasimante che mette da parte i propri sentimenti perché tutto venga regolarizzato, agendo, appunto, da fratello della sedotta anziché da rivale del seduttore: (*Celeste*, «MICHELE: Io non mi conto; | mi ritiro in un canto e non m'importa | s'anche presto morrò; ... ma v'è Celeste | che tanto v'ama e che per voi si strugge. | Fate il vostro dover, sia vostra sposa!»). In *Maruzza*, *Padron*

---

[11] Se a stretto rigor di termini anche l'adulterio punito, il delitto d'onore, si configura come sanzione per una abiezione morale, il rapporto adultero della precedente tipologia non è spesso visto come riprovevole — se si esclude la trama di *La grazia* — ed è per lo meno compreso, quando addirittura non si simpatizzi per la coppia di amanti. Inoltre, in generale, nel gruppo 'abiezione morale punita' non si riscontra la punizione dell'amore reciproco.

[12] Si noti l'assonanza con le battute finali dello *Jeli* verghiano: «Più tardi, mentre lo conducevano dinanzi al giudice, legato, disfatto, senza che avesse osato opporre la menoma resistenza — Come! — diceva — Non dovevo ucciderlo nemmeno?... Se mi aveva preso la Mara!...» (si cita dall'edizione Mondadori di *Tutte le novelle*, 2 voll., Milano 1980).

[13] Così pure in altre tipologie di trame; in *Lena*: «CICCILLO: L'uccisore son io, | vindice de l'onor, de l'amor mio».

Maurizio e *Rosella* di Dessannai, la punizione è compiuta direttamente dalla donna. Diamo un'occhiata più approfondita a *In congedo*, cercando di isolarne gli elementi ideologicamente portanti: il melodramma è basato sul concetto del disonore che si è abbattuto sulla 'casa', allorché Giannina fu sedotta e abbandonata dal ricco Roberto («LENA: Qual ruina | in questa casa...»; e Beppe, nel colloquio finale con Roberto: «Ed ora nell'onta | del vostro abbandono, | la misera sconta | il suo disonor»); più che fare leva sui sentimenti amorosi di Roberto, Giannina piange la propria sorte che l'ha resa infamata agli occhi degli altri («Un reo destino | pose sul mio cammino | il perfido che tutto | mi ha l'avvenir distrutto!»). L'amore per lei non esiste più, l'abbandono subìto l'ha sfiorita («BEPPE: — *indietreggia spaventato* — Ciel! Qual rapido e profondo | disfacimento!») e può solo richiamare Roberto ai suoi doveri di padre («Nella vostr'anima — non s'è destato | ratto il pensiero — di nostra figlia? | [...] | Salvar dall'onta nostra figlia! è l'unica | grazia ch'io chiedo a te.»); a questi doveri Roberto è pure richiamato da Beppe, quando questi lo affronta: «Quà [sic], dell'oro alla povera fanciulla | che piegò alle lusinghe dell'amor; | di stenti in un'abbandonata culla | piange un bastardo: dategli dell'or!».

Il concetto borghese della 'regolarizzazione' attraverso il matrimonio è sottolineato anche in *Claudia* («RONCIAT: [...] Hai posseduta | Claudia!... tu l'hai resa madre e non | l'hai sposata!»), *Padron Maurizio* («LUCIA: Ma un detto vorrei... | Un pegno soltanto sincero ed onesto... | Se m'ami... via... sposami...») e in *Celeste*: («CELESTE: — *singhiozzando* — Ma perché tu m'hai tentata | se sposar non mi potevi»). In *Calendimaggio* e in *Mara* (che appartengono però al secondo sottogruppo esaminato di seguito) il personaggio ricco e cattivo procura addirittura un marito alla donna con cui ha avuto una relazione e in *Mara* ciò viene motivato da necessità di 'etichetta':[14]

> DON ALFONSO: Sì, bella! | Fallo per me, Ma presto!... È necessario | che tu lo sposi presto. | [...] | Mara! | Ti si getta una corda di salvezza | e tu vuoi sprofondare nell'abisso... | [...] | Meno chiacchiere! Sposalo... | ed io, vedrai, ti vorrò sempre bene.

Ma ancora una volta si deve sottolineare come elementi comuni si riscontrino anche in melodrammi inseriti in tipologie diverse: ne *La collana di Pasqua* il concetto di 'regolarizzazione' muove inizialmente la vicenda; da notare anche, in Drea, la presenza di un sentimento di colpa nei confronti del marito di Pasqua:

> DREA: Peggio! Son legato | a suo marito. Al fonte m'ha portato... | E poi... vecchio è il mi' padre... | e Pasqua ha un bimbo!... È madre! | [...] | Vò [sic] farle

---

[14] Ai melodrammi di questo sottogruppo possiamo aggiungere i casi di *Vendetta zingaresca* e *Maià*, in cui la trama presenta situazioni simili: l'uomo traditore, che ha un legame con la fanciulla onesta, non disdegna concedersi distrazioni con altre donne; verrà punito da un personaggio che ama, non corrisposto, la fanciulla, ma questa scaccerà il feritore e accoglierà fra le sue braccia, malgrado tutto, l'uomo che ha sempre amato.

la mi' corte [si riferisce a Nenna, la ragazza di cui ora è innamorato] | [...] | sposarla con onore... | e la casa, la dote e il ben di dio | godermi insieme al suo grazioso amore. [atto primo]

Il secondo sottogruppo può essere individuato dalla seguente funzione scatenante la punizione finale: il 'cattivo' insidia la fanciulla buona e fedele, sposata o fidanzata, e viene punito. È il caso, ad esempio, di *Sull'Alpi*, *Silvano*, *Mariedda*, *Un mafioso*, *Forturella*, *Lyna*; come accennato in un paragrafo del capitolo precedente (1.2.1. Il rango sociale dei protagonisti) il 'cattivo' è spesso un personaggio che si avvale di una sua superiorità sociale (i ricchi possidenti come Don Antoni in *Mariedda*, Roberto in *Fiorella*, Beppe in *Lyna*, Don Giacomo in *Lucania*; il Barone in *Calendimaggio*, e il Marchese in *Dopo la gloria*; il direttore delle carceri Don Nunzio in *Un mafioso*). Si va dalla semplice insidia, sprezzata dalla donna (*Un mafioso*), alla situazione più compromettente in *Forturella*, dove Don Raffaele ha in passato approfittato della protagonista, facendola ubriacare, e vorrebbe di nuovo riprendersela. Da notare anche il caso di *La spergiura*, in cui la vicenda non ha come momento conclusivo una punizione di immoralità, ma semmai da questa (l'uccisione da parte di Lioneddu del seduttore della sorella) prende le mosse.

Terzo sottogruppo del tipo 'abiezione morale punita' è quello in cui l'infrazione si rivolge verso valori diversi da quelli propriamente amorosi (anche se la trama amorosa è sempre presente come base della vicenda): è il caso di *Tradita!*, in cui Roberto viene meno alla parola data di non denunciare i contrabbandieri; è il caso di *Dopo l'Ave Maria*, a cui si è già accennato. Da ricordare, infine, l'allora famosissimo *A Basso Porto* che vede la disperata difesa da parte di Maria dell'onore dei figli, che il perverso Ciccillo vorrebbe, per vendetta, condurre al disonore. *In Iglesias* e *Il pastore* abbiamo il finale lieto, ma le vicende si basano sulla punizione di un personaggio per una colpa commessa (in *Iglesias*, in particolare, Aldo deve scontare una colpa del padre).

2.2.3. *Il sacrificio di un personaggio*

Proseguendo nell'analisi dei tipi di trama, un gruppo di melodrammi prevede il sacrificio di un personaggio infelice che, letteralmente, si immola, incapace di reggere il peso degli eventi. Questo sacrificio può essere in favore della felicità di due amanti come ne *La Tilda* e in *Alla macchia*:[15] nel primo melodramma la protagonista si fa praticamente ammazzare da Gastone dicendogli di avere ucciso Agnese, che, invece, compare non appena Tilda è stata colpita, dando così a quest'ultima il tempo di benedire

---

[15] Sempre per sottolineare l'appartenenza di alcuni melodrammi a tipologie differenti, si noti come *La Tilda* e *Alla macchia* si sviluppino lungo le direttrici del gruppo seguente ('L'amore danneggiato da inganni o da volontà negativa'; paragrafo 2.2.4); in particolare, *Alla macchia* vede un doppio danneggiamento: quello di Gennaro verso Mercede e Arturo, con la falsa lettera, e quello successivo di Mercede nei confronti di Nella e Arturo.

gli amanti: («TILDA: — a Gastone — Muoio! | Siate felici!...»). Il ricordo corre
naturalmente alla Gioconda di Ponchielli, su libretto di Arrigo Boito
(1876)[16] e al precedente Il giuramento (Rossi – Mercadante, 1837). L'appendice 'consolatoria', in occasione della funzione narrativa della 'rinuncia', la troviamo anche nel finale di Rosana, quando la protagonista è mo-
rente: «Ah no... | Dio lo volea... Marcella, egli non m'ama... | sia tuo
sposo d'amor | fra un anno... è sacra, sai, l'ultima brama | di chi pregan-
do... muor».

I momenti precedenti richiamano climi da dramma borghese. Basti ricordare Marcella di Giordano (1907, libretto di Cain, Adenis e Stecchet-
ti): in quest'opera, la protagonista rinuncia all'amore di Giorgio, sotto
cui si cela il re di uno stato oppresso, affinché questi possa liberamente
andare a soccorrere il suo popolo; nel momento di accomiatarsi dal-
l'amante:

> È finita!... è finita! | Ma, Giorgio mio, promettimi | Nell'istante supremo e bene-
> detto | Dello strazio, promettimi | Che nelle notti in cui brillan le stelle | Come
> in questa, nell'aria che sussurra | Dolci parole alla campagna azzurra, | Guar-
> dando in alto mi ricorderai | E un batter d'ale udrai | In cui palpiterà l'anima
> mia! | Tendi l'orecchio nella notte bella | E udrai la voce della tua Marcella!

E ne La rondine (Adami – Puccini, 1917):

> Non disperare, ascolta: | se il destino vuole | che tutto sia finito pensa ancora a
> me! | Pensa che il sacrificio | che compio in questo istante | io lo compio per te!

Proprio nella Traviata di Verdi troviamo una situazione simile:

> VIOLETTA: Prendi; quest'è l'immagine | De' miei passati giorni; | A rammentarti
> torni | Colei che sì t'amò. | Se una pudica vergine | Degli anni suoi nel fiore | A
> te donasse il core... | Sposa ti sia... lo vo'. | Le porgi questa effige: | Dille che
> dono ell'è | Di chi nel ciel tra gli angeli | Prega per lei per te. [III, ult.]

Altrove, e qui sta il tratto più interessante del gruppo, il sacrificio è dovuto alla necessità di farsi da parte a causa degli eventi, alla cui tirannia
il singolo deve chinare il capo. Si tratta forse di uno dei pochi veri punti
di contatto con le istanze del naturalismo che possiamo riscontrare nel
melodramma 'plebeo': la concezione di un'umanità cui è fondamentalmente impossibile sfuggire i vincoli ferrei imposti dalla 'Natura' viene talvolta palesata, soprattutto in melodrammi tardi, ed è per questo che risulta maggiormente indicativa un'opera come La martire, del 1894,
quindi un prodotto abbastanza precoce, in cui troviamo i seguenti versi di
Natalia (inizio atto terzo): «Così... la sorte | ne spinge e deboli e potenti, |
imprecanti o contenti, | per leggi ignote o ascose, | tutti alla morte. | Noi
siamo cose!». In effetti non c'è un preciso motivo per cui Natalia si debba
suicidare; mentre Tilda, nell'opera omonima, deve farsi da parte per la

---

[16] «GIOCONDA: [...] Talor nei vostri memori | Pensieri alla Gioconda | Date un ricordo.
Amatevi... | Lieti vivete... Addio!» (IV, 4).

felicità dell'uomo che ama, e così in *Rosana* la protagonista sceglie la morte comprendendo di essere di ostacolo al legame fra Gennaro e Marcella (in questo caso, però, la vittima è amata dall'uomo), soprattutto dopo la rivelazione della sua origine di trovatella, e quindi di elemento esterno e perturbatore della pace domestica, Natalia dopo la morte della figlioletta è libera da ogni vincolo e potrebbe seguire Mikael. Ma una arcana corrispondenza la radica nel luogo del suo martirio e le impedisce di sfuggirne: una sorta di rispetto sacrale verso la morta Anka che assume i tratti stessi della martire Natalia:

> [...] — Fui dannata | senza l'amore ad un letto nuziale! Ah, in quelle coltri una morta celata | vi avean pria!... Una bimba, sai; — la mia! | Là avevano già pria | stesa una morta dove Natalia | si è coricata | e senza amor s'è data!...

Il clima culturale è quello del naturalismo, ma filtrato da quella sensibilità decadente ormai penetrata, seppur con ritardo, anche nel melodramma.

La presenza di problematiche morali da dramma borghese si riscontra in un'opera come *Dramma in vendemmia*: una madre con un passato colpevole, che ha abbandonato al marito la figlia avuta con l'amante per ritornarsene, libera, da lui, si fà di nuovo viva con lei quando questa è cresciuta e oramai radicata nel nucleo familiare che l'ha ospitata (Maria si suiciderà gettandosi in un burrone).[17] In *Paron Giovanni*, il suicidio del protagonista si consumerà come estrema risoluzione per permettere alla figlia di amare Roberto, liberato dal dovere di vendicare il padre, ucciso da Giovanni.[18]

2.2.4. *L'amore danneggiato da inganni o da volontà negativa*

Una ulteriore tipologia delle trame, è quella in cui un rapporto amoroso (lecito, a differenza della prima tipologia, quella del 'delitto d'onore') viene danneggiato da un terzo personaggio, innamorato di uno dei due. Si affaccia dunque la figura dell'amante respinto che non sempre agisce perfidamente (in *Nozze istriane* è Biagio ad architettare tutto l'inganno, Nicola è invece all'oscuro degli eventi e crede davvero che Marussa lo ami e lo voglia sposare; anche in *Rosedda* la trama viene architettata da Matea e non dal rivale di Lillicu, Vatori), ma nella maggior parte dei casi è il protagonista dell'azione negativa volta a contrastare gli amanti. Possiamo considerare in questa tipologia anche un'opera come *La sagra di Valaperta*, in cui la respinta Nanna si vendica aizzando il Ton (che l'ama) contro il Bulo; qui, però, tutta la vicenda amorosa è subordinata alla cen-

---

[17] La medesima situazione la si ritrova in *Mastro Giorgio*, sebbene con un finale diverso.
[18] Ricordiamo anche *L'arlesiana*, in cui abbiamo il motivo borghese della famiglia che non può accettare al suo interno una 'straniera' senza referenze: «BALDASSARRE: Ma conoscete voi quella fanciulla, | per tirarvela in casa? ROSA: Io no, per nulla. | BALDASSARRE: — *con aria di rimprovero* — Così, senza conoscerla | Dunque, padrona Rosa, | consentirete salutarla sposa | del figliuol vostro? ROSA: Ah, no!... | Ti rassicura. [...]».

tralità dell'evento folklorico che sta avendo luogo sulla scena (l'incanto del Cristo, un'asta che mette in palio l'onore di sorreggere la statua del Cristo in processione).

Gran parte dei melodrammi appartenenti alla tipologia in oggetto vede la fanciulla fedele che viene ingiustamente accusata di tradimento: *A Santa Lucia, Treccie nere, Vendetta sarda, Nozze istriane, Stella, Jana, Dore*. Vi è poi il caso in cui il 'danneggiamento' avvenga senza che l'amante sia portato a credere infedele la donna: in *La bella d'Alghero, Tristi nozze, Malia, Nunziella, La spergiura, Dramma* e altri, un personaggio spezza in qualche modo il legame d'amore, dando luogo alla catastrofe finale. A proposito di quest'ultimo sottogruppo ricordiamo altre opere del periodo che vi si possono ricondurre: *Edgar* (Fontana, 1889), *Manon Lescaut* (vari, 1893) e *Tosca* (Illica e Giacosa, 1900) di Puccini; *Andrea Chénier* (Illica, 1896) e *Siberia* (Illica, 1903) di Giordano; *Adriana Lecouvreur* di Cilea (Colautti, 1902). Semmai si può notare come nella maggior parte di queste opere altre problematiche si aggiungano al rapporto privato a tre (lui – lei – l'altro/a): la politica in *Chénier* e *Tosca*, il tentativo di un affresco di paesaggio esotico in *Siberia*; nell'ambito 'plebeo', invece, tutto è semplificato, ed il triangolo è assolutamente centrale alla vicenda.

Appendice
L'adulterio non punito
Un caso di autocensura: da O' *voto a* Il voto

La tipologia del 'sacrificio di un personaggio' (paragrafo 2.2.3) si configura spesso come 'scarti' dalla situazione diretta del delitto d'onore, o comunque del delitto di gelosia amorosa. *In Paron Giovanni* esiste anche il personaggio rivale in amore (Piero) il cui contrasto con Roberto per la conquista di Rosella rimane sterile, e il dramma procede per altre direttrici. Ne *La martire* le reazioni di Tristano verso Mikael non sono quelle di Alfio o di Canio.[19] Anche il marito di Pasqua (*La collana di Pasqua*) rimane fino all'ultime ignaro della situazione. *Mala vita* è un tipico esempio di libretto basato su un rapporto adultero conclamato, in cui il marito Annetiello tollera addirittura l'infedeltà di Amalia. Ci soffermeremo su questo libretto in maniera più diffusa.

Dopo aver partecipato, con l'opera *Marina*,[20] al concorso Sonzogno bandito nel 1888 (lo stesso di *Cavalleria rusticana*), Giordano fu presentato a Sonzogno in persona che, dopo avere ascoltato il lavoro al pia-

---

[19] Riportiamo il finale dell'opera (tralasciando alcune didascalie): «È chiuso!... — A chiave ha l'uscio chiuso! — Or via, | apri, dunque! — son io! — Non dà risposta!... — *ad un tratto esce in una risata ironica:* — | Ah! forse il bel pilota è lì con te! | Taci? — E così! Bel zerbinotto, uscite! | Davvero non mi udite? — *ride ancora* — | Eloquente silenzio! Il damo c'è!»

[20] Libretto di Enrico Golisciani. L'opera si classificò al sesto posto e non venne pertanto eseguita in teatro.

noforte, gli commissionò un'opera da definire nella scelta del libretto; l'opera fu *Mala vita*, dal dramma *O' voto* di Salvatore Di Giacomo, su libretto di Nicola Daspuro,[21] opera che dopo un'audizione privata si offrirono di eseguire due grandi artisti come Roberto Stagno e Gemma Bellincioni, i primi interpreti di *Cavalleria rusticana*, quindi una sorta di 'profeti' vocali delle istanze del realismo operistico.

L'opera andò in scena il 21 febbraio 1892 all'Argentina di Roma, sotto la direzione di Vittorio Podesti,[22] ed ebbe un discreto successo anche di stampa, sebbene si rimproverasse da più parti la scelta di un soggetto così scabroso. Con gli stessi interpreti, salvo la sostituzione di Beltrami con Pignalosa, *Mala vita* venne rappresentata al San Carlo di Napoli il 27 aprile 1892, scatenando però un'ondata di critiche e proteste che fecero precipitare l'esito della produzione. Altre rappresentazioni in Italia precedettero il famoso allestimento di Vienna, in occasione dell'Esposizione Musicale; l'esito della prima (27 settembre 1892) fu questa volta felicissimo, tanto che l'opera ebbe una certa fortuna all'estero (Berlino la ospitò il 13 dicembre successivo).

Il fiasco napoletano, comunque, indusse Giordano ad apportare alcuni ritocchi: il 26 giugno 1893, in una lettera a Illica gli comunicava infatti di aver terminato le modifiche a *Mala vita* che, con titolo nuovo (*Il voto*), fu rappresentata il 10 novembre 1897 al Lirico di Milano, accolta da un caldo successo di pubblico, e il 6 settembre 1902 poté ritornare a Napoli, con un buon esito.

Il discorso attorno a *Mala vita / Il voto* può senz'altro essere inquadrato nell'ambito del fenomeno di costume ancor prima che musicale. Le critiche della stampa che accolsero l'opera al suo primo apparire e nel corso di successive repliche, si indirizzarono soprattutto verso l'argomento trattato. A proposito delle recite napoletane, la «Gazzetta Musicale» di Ricordi (peraltro voce di parte, visto che Giordano era di altra 'scuderia') raccomandò di «lasciare a casa le signorine» per non turbarle; così si espresse Attilio Luzzatto dopo la seconda recita di Roma:

> [...] questa novella moda di mettere in scena, al posto degli antichi re o cortigiani del dramma romantico, i cavalieri della morra e le donne del trivio, ci ha già fatto fare un bel passo verso l'ideale.[23]

Hanslick, che assistette alle recite di Vienna, non mancò di rilevare i pregi musicale di alcuni brani, ma notò appunto lo scarto dell'audace libretto,

---

[21] La versione in dialetto fu pubblicata la prima volta nel volume del Teatro di Salvatore Di Giacomo (Carabba, Lanciano 1910), ma risale al 1888, anno della rappresentazione della versione italiana (*Mala vita. Scene popolari napoletane* del Di Giacomo e di G. Cognetti, rappresentato per la prima volta al Teatro Gerbino di Torino appunto nel dicembre 1888. Di qualche mese precedente fu la novella *Il voto*, pubblicata sul «Corriere di Napoli», XVII/83 23 marzo 1888).

[22] Interpreti oltre che Stagno (Vito Amante) e la Bellincioni (Cristina), Emma Leonardi (Amalia) e Ottorino Beltrami (Annetiello).

[23] Citato in *Umberto Giordano*, a c. di Mario Morini, Sonzogno, Milano 1967.

rispetto alla tradizione, il cambio di *milieu* estetico: se Violetta Valery era una prostituta, lo faceva pur sempre offrendo champagne agli amici: Cristina si presenta in vesti dimesse, per attingere acqua alla fontana:

> Nel suo verismo spietatamente ricalcato sull'osservazione della realtà, *Mala vita* è un'opera a un tempo avvincente e disgustosa, come del resto la più parte di questi soggetti realistici.[24]

Gioverà, pertanto, operare un'analisi del libretto di *Mala vita* e del rifacimento, tenendo presente il testo di Di Giacomo.

A. *Da O' voto a* Mala vita

La versione librettistica di *O' voto* di Salvatore Di Giacomo[25] è sostanzialmente fedele all'originale drammatico, almeno a prima vista; abbiamo il taglio di una scena secondaria del dramma (III, 3)[26] e quello di altre due scene che secondarie si possono definire solo rispetto all'essenzialità dei rapporti principali. In effetti la soppressione di I, 2–3 (la scenata di Rosa, madre di Vito, che non intende che il figlio sposi una «femmena malamente», e litiga con lui) toglie un importante tassello per presentare l'esempio di una morale 'fasulla' in cui un rispetto esteriore delle convenienze si unisce a una miopia nei confronti della realtà.[27] Per quanto riguarda la scena I, 5,[28] la soppressione indebolisce un altro punto cardine per comprendere il moralismo che frenerà Vito nella sua decisione di tener fede al voto: il timore di essere 'messo in piazza', di avere a che fare con la polizia.[29] Già per quanto detto, si intravede che il percorso fondamentale che porta Vito a tradire il voto (e quindi a compiere un orrendo sacrilegio) è differente nel libretto di Daspuro rispetto al dramma di Di Giacomo: mentre nell'originale erano la forza delle convenzioni (che poi nascondevano cancrene ben più gravi) a distogliere Vito, in *Mala vita* è

---

[24] Citato in *Umberto Giordano*, p. 124.

[25] Il dramma si svolge «In Napoli, e in una piazzetta di 'Pendino'. Epoca presente. Dal I al II atto trascorre un mese». Nella versione librettistica di Daspuro spariscono dei personaggi secondari al dramma: Rafele, il brigadiere Amantucci, la guardia, Rabbiele, Rosa (madre di Vito), Assunta, Giovannina, Sufia, Teresina, Marianna e Cuncetta.

[26] Marianna, una mendicante cieca, si fa accompagnare ai piedi del Crocifisso, dove chiede la carità; Cristina passa e le dà una moneta, perché la raccomandi a Gesù. Questa parentesi di religiosità popolare viene in pratica sostituita dai momenti corali (I, 1: «Mamma del Carmine, | su lui vegliate, | e s'ha peccato non l'abbandonate; | o buon Gesù, pietà!»).

[27] L'astio verso la donna che può rovinarle il figlio, non impedisce a Rosa di essere in ottimi rapporti con Amalia.

[28] Arriva un brigadiere di polizia con dei colleghi e, dopo una discussione animata con Vito, i poliziotti portano via l'uomo e Cristina per degli accertamenti.

[29] Così, in un colloquio successivo fra Cristina e Vito, quando l'uomo sarà già pentito del voto fatto: « CRISTINA: [...] Chest'è 'a legge... Nun se pò fa' a meno... A fforza addo' l'ispettore s'ha dda i'!... VITO: E chesto mme mancava! Mo aggia avé che fa' pure c''a pulezia!» (III, 4).

accentuata l'opera di seduzione della 'maliarda'; nei paralleli duetti Vito – Amalia, l'azione di conquista da parte della donna è portata avanti, in *Mala vita*, con argomentazioni di tipo sentimentale, Amalia vuole di nuovo fare innamorare Vito di sé stessa (II, 4):

VITO: Ormai, finito I tutto è fra noi. Ho fatto I un voto... I [...] AMALIA: Un voto?... I E a me — tu lo dimentichi — I quanti ne hai fatti a me? I Come?... hai scordati i fervidi I giuri profferti [...]
[...]
AMALIA: No, che non è possibile! I Anche al tuo cor, lo so, I tormento è la frenetica I febbre che mi brucciò... I Io t'amo tanto! — *gli getta le braccia al collo* —

In *O' voto* (II, 5), le argomentazioni di Amalia sono espresse con una violenza tale che la scena assume davvero i connotati di una sfida fra due rivali, in cui chi ha la forza maggiore è proprio la donna.[30] L'atto di *Mala vita* termina pertanto in un duetto d'amore fra i due, una situazione tipologica classica dell'operismo:

AMALIA: — *fuori di sé* — O gioia. VITO: Amalia, vieni a me! AMALIA: — *aprendogli le braccia* — Son tua! VITO: — *stringendola, frenetico* — Tutto per te! — *La tela cade rapidamente* —

In *O' voto* c'è un'azione quasi di ipnotismo; le residue forze di Vito, che si oppongono a che venga ripreso un legame peccaminoso, cedono poco a poco, sebbene Cristina, dal di fuori della vetrata continui a chiamarlo:

CRISTINA: Vito! Vito!... AMALIA: Nun guardà!... VITO: — *debolmente* — No... AMALIA: Giurame ca nun t''a spuse!... VITO: — *c.s.* — Sì... AMALIA: Giura!... VITO: — *sfinito, con un filo di voce* — Sì... giuro... CRISTINA: Vito! Vito Amante!... AMALIA: — *Corre alla vetrata. Ne chiude le imposte* [...] *Vito s'è quasi levato. Vorrebbe avanzare. Amalia gli è addosso: lo afferra, lo stringe, se gli avvinghia* [sic], *gli soffia sul volto:* — No!... No!... No!... VITO: — *balbetta* — Ah, che catena!... Che catena!... — *Cade subito la tela.* —[31]

Esaminiamo ora, brevemente, il rapporto fra Vito e Cristina. La scena del primo incontro procede per un po' in modo abbastanza simile nei

---

[30] «VITO: [...] Io aggio fatto nu voto... AMALIA: Assassino! Assassino!... Tu vaie facenno vute 'e levà femmene d''o peccato e te scuorde 'e na femmena ca sta 'int''o peccato pe te!...».

[31] Viceversa, il percorso di tipo più sentimentale del libretto di Daspuro è sottolineato anche dalla canzone che apre il terzo atto, dunque la scena immediatamente successiva al duetto Vito – Amalia di cui stiamo parlando. Naturalmente la canzone è rivolta a Amalia: «VITO: — *alzandosi* — Canzon d'amor – che l'ala d'or I bagni nel vin I salendo a vol, I va porta a lei I la voce del mio cor, I va picchia al suo balcon, I falla svegliar. Canzon d'amor – dall'ala d'or!». Aggiungiamo anche parte del monologo che precede il duetto Amalia – Vito sempre per mostrare, in *Mala vita*, una convenzionalità nel senso del 'classico' rapporto d'amore: «[...] mi ha tanto amato... tanto! [...] anch'io, più vile, non la posso scordar! — *guarda intorno* — Quanti ricordi qui... Come il core mi batte! [...]».

due testi: Cristina spiega all'uomo le ragioni di miseria che l'hanno condotta nel suo stato; in *O' voto* il tono è più dimesso, e il degrado umano
è mostrato con maggiore crudezza. l'interruzione del colloquio da parte
di Annetiello è lievemente diversa, giacché in *O' voto* mancano i pesanti
apprezzamenti dell'uomo su Cristina, che fanno quasi scoppiare una rissa.[32] In *Mala vita* il colloquio riprende e termina in un duetto d'amore
appassionato:

CRISTINA: — *gittandosi fra le braccia di Vito* — O Vito, credimi, | a me ti manda
il cielo; | per te rinascere | mi sento all'avvenir! | VITO: — *con entusiasmo* —
Con tutta l'anima | farti felice anelo! | ti vo' redimere | non devi più soffrir!

Invece in *O' voto*, l'interruzione delle guardie a cui si è accennato precedentemente spezza il crescendo di emozioni, tanto che un vero colloquio d'amore analogo al duetto della versione librettistica, qui manca ed
è un altro segnale della 'melodrammaticità' aggiunta da Daspuro.[33]
    La storia di Di Giacomo è un esempio di determinismo positivistico per
cui una situazione radicata e incancrenita non può mutare, malgrado gli
sforzi dei protagonisti: Vito dovrà subire la sua 'catena' per sempre, così
come Cristina non potrà sfuggire alla sua; allora l'atteggiamento di Cristina di fronte alla sconfitta sarà quasi di bestemmia:

Giesù Cristo mio!... — *dopo un breve silenzio* — Tu 'o ssaie chello c'aggio suf-
ferto... Tu 'a saie sta vita mia, Cristo ncroce!... E ssi' tu ca mme ce faie tur
nà!... — *Col braccio destro levato, e quasi minaccioso, verso il Crocefisso* — Io
mme vulevo salvà! Io aggio fatto 'e tutto pe mme salvà!... Tu nun buo'?... Tu
nun buo'?... [...] E accussì sia!

E Daspuro, pur essendo letteralmente abbastanza fedele,

CRISTINA: — *lentamente, scende al proscenio. Davanti al Crocefisso s'arresta
conmmossa. La sua voce è piena di lagrime* — O Redentore mio, se la mia vo-
ce | sino a te giunge, a testimon ti chiamo! | Tu sai quanto ho sofferto, | e se
all'atroce | destino mio strapparmi avea giurato... | Non l'hai voluto!... E sai la
vita mia, | e sai quanto a salvarmi ho spasimato... | Ma non lo vuoi — no! no!
— E così sia!

attutisce, con sottile artificio verbale,[34] la violenza di sfida dell'originale
drammatico e conduce la vicenda sui binari più consueti di una storia

---

[32] «VITO: — *fissandolo* — Vi è da ridir qualcosa? | ANNETIELLO: — *accostandosi* — Io?...
Contentone! | E in che modo!... L'hai scelta bella... e amica... | O Cristinella, di', non siamo
amici? — *stende la mano per carezzarle il volto* — | VITO: — *afferrandogli il braccio* — Giù
quella mano! ANNETIELLO: — *ridendo* — Ah! Ah! la pigli a male!... | [...]» (*Mala vita*, I, 5).

[33] Riportiamo anche lo sfogo lirico di Vito nel duetto con Cristina (*Mala vita*, III, 4) che
non ha corrispontente in *O' voto*: «Senti, Cristina: lasciami | parlare aperto e schietto: | ti
voglio bene, m'agita | per te l'antico affetto; | ma ho qui certe catene | che infrangere non
so... | Sii buona... a tante pene | un dì riparerò!»

[34] In *Mala vita*: «Non l'hai voluto [...] Ma non lo vuoi [...]»; mentre in Di Giacomo «Tu 'a
saie sta vita mia, Cristo ncroce!... E ssi' tu ca mme ce faie turnà!...».

d'amore contrastata, in cui la donna debole è destinata a soccombere. Il senso di ineluttabilità di *O' voto* va inevitabilmente smarrito; una breve frase di Rafele nel primo atto, quando Vito si sente male, va sottolineata: «Sentite chello ca ve dico io. Chest'è na patella ca si nun se scrasta 'a faccia a chillo scuoglio, io nun lle dongo manco n'ato mese 'e vita...». L'uomo allude al rapporto di Vito (la «patella») con Amalia (lo «scuoglio»), e questo concetto viene ampliato, nell'opera, in una canzone piuttosto inopportuna in cui, oltretutto, i termini della metafora vengono invertiti.[35]

Va detto, ancora, della differente descrizione del personaggio di Annetiello nel dramma e nel libretto: questa curiosa figura di marito più che accondiscendente verso le amicizie della moglie subisce una certa semplificazione da parte del Daspuro, soprattutto nelle parallele scene della discussione fra i due (*O' voto*, II, 2–3 / *Mala vita*, II, 2). Nel primo caso è mostrato il degrado di una persona cui l'ubriachezza fa perdere ogni dignità; Annetiello viene trattato male da Amalia e lui le rinfaccia di trovare il denaro per gli altri (Vito) e non per la casa; poi constata la propria nullità.[36] Annetiello è una figura di 'anti-marito' meridionale, il contrario dell'immagine canonica di consorte geloso. In parte questi tratti vengono ammorbiditi dal Daspuro: la scena del litigio vero e proprio con Amalia manca, e viene aggiunto, come detto in precedenza, lo scontro con Vito (I, 5). Soprattutto, ad Annetiello vengono aggiunte tre canzoni dal chiaro intento oleografico[37] che non rende giustizia ad un particolare tipo di personaggio le cui caratteristiche di fondo sarebbero del tutto antimelodrammatiche.

B. *Da* Mala vita *a* Il voto

Quanto detto finora mostra come Daspuro assuma i cardini fondamentali della storia di Di Giacomo senza mantenerne del tutto la carica di novità eversiva; e la successiva revisione dell'opera prosegue su questa strada giungendo addirittura ad una autocensura che stravolge l'essenza del dramma di Di Giacomo, pur riuscendo a lasciare intatto il gioco di rapporti fra i personaggi. Insomma, mantiene in piedi un buon libretto (cui si può al massimo rimproverare un eccesso di 'canzonettismo'), ma smarrisce volutamente il messaggio ideologico del dramma. Riassumendo, questi i cambiamenti:

---

[35] «MARCO: Sapete voi la storia | fra l'ostrica e lo scoglio? | Qui, donn'Amalia è l'ostrica, | lo scoglio è quello là! | [...] | Profetizzar non voglio, | ma l'ostrica lo scoglio | fra poco ingojerà. | CORO D'UOMINI: Graziosa è la tua favola | fra l'ostrica e lo scoglio; | [...]».
[36] « [...] Io mo dint' a sta casa songo comme si fosse 'a mazza d''a scopa! [...] 'A gente parla? E che mme ne mporta? Io faccio comme dice 'o si' Rafele 'o ferracavallo: Lloro me iastemmeno e i'ngrasso!...» (II, 3).
[37] «Tutto è già pronto e in ordine», I, 3; «Le mogli in genere», II, 2; «Ce sta | ce sta nu mutto ca dice accussì», III, 2.

1. Cristina non è più una prostituta, ma una semplice «donna tradita».[38] Alla fine non si assiste al suo ritorno nel «palazzetto» ma al suo suicidio.
2. Il personaggio di Annetiello viene soppresso.
3. Da notare anche che la vicenda non si svolge più nel quartiere malfamato di Basso Porto ma «presso l'Arenaccia».

Col processo di idealizzazione di Cristina, il voto di Vito Amante perde i suoi connotati di superstizione folklorica[39] e diventa una normale promessa. Cristina appare in scena fin dall'inizio, e viene soppresso l'episodio della rosa, così come alcuni passi del primo duetto fra Vito e Cristina in cui si alludeva al mestiere della donna:[40] Cristina assume allora le caratteristiche della fanciulla pura, angelicata, a cui si contrappone una maliarda seduttrice. Ma anche le connotazioni più torbide di Amalia vengono stemperate in direzione di maggiore castigatezza, come mostrano i due passi paralleli del duetto fra Amalia e Vito:

> *Mala vita*, II, 4:
>
> VITO: [...] non mi guardare, | ché quegli occhi mi fanno delirare! [...] | AMALIA: [...] Anche al tuo cor, lo so, | tormento è la frenetica | febbre che mi bruciò... [...] | VITO: — *resistendo appena* — Ahimè! chi può resistere!... | un démone sei tu!... | hanno i tuoi baci un fascino | che non si scorda più!

> *Il voto*, II, 4:
>
> VITO: [...] non mi straziare, | i detti tuoi mi fanno delirare! [...] | AMALIA: [...] Anche il tuo cor, lo so, | muto non resta... un palpito | a me negar non può! [...] | VITO: — *resistendo appena* — Ahimè! chi può resistere!... | un angelo sei tu!... | ha la tua voce un fascino | che ammalia ognor di più!

Conseguente a quanto detto finora il fatto che Cristina si suicidi, invece di ritornare al palazzetto: se *Mala vita*, nonostante un primo processo di modificazione nel senso delle convenzioni, mantiene inalterata l'essenza del dramma (il fallimento di un sogno di riscatto), *Il voto* mette tutta la vicenda sul piano della sconfitta di un sogno d'amore, tanto che il monologo finale dell'opera, citato precedentemente e mantenuto inalterato da *Mala vita* a *Il voto*, risulta abbastanza incompatibile con la situazione, dato che si allude a un tentativo di redenzione non ben chiaro.

---

[38] «VITO: Dimmi... conosci tu | quella fanciulla pallida, | che tanto si commosse al voto mio? | MARCO: Ah, quella?... Un'altra vittima | innocente d'amor» (*Il voto*, I, 2).

[39] Così infatti una didascalia di *Mala vita* (I, 2), poi ovviamente soppressa in *Il voto*: «Fra gli usi superstiziosi del popolino napoletano vi fu quello e qualche esempio ancora adesso se ne ha — di sposare, per voto fatto ed in espiazione dei peccati d'amore, una donna perduta. [...] e l'umiliazione che essi da sè si infliggevano, dando il proprio nome a femmine di quella specie, era giudicata dal volgo come una giusta ammenda offerta a Dio in penitenza delle colpe commesse».

[40] Ad esempio il seguente: «VITO: Nulla per tornar libera | tentaste? CRISTINA: Ah! quando tese | son quelle reti, misera | colei che vi s'impiglia. | C'è della gente, là, — *addita il palazzetto* — | che, pria, lusinga, alletta, | poi, s'impone e minaccia | che alle belve somiglia, | che non può aver pietà!»

Molto indicativo il fatto che il personaggio di Annetiello venga soppresso:[41] evidentemente la convenzionalità teatrale non poteva tollerare un marito di questo genere sulla scena e, pur restando l'adulterio, si è preferito 'giustificarlo' con l'assenza del marito piuttosto che ridicolizzare una figura-base della moralità borghese.[42]

[41] Le sue battute vengono rilevate da Marco; talvolta ciò produce una certa incoerenza, come nella quinta scena del primo atto, in cui il comportamento sgarbato dell'uomo verso Cristina (con le battute citate alla nota 30) contrasta con la cordialità che aveva mostrato poco prima, verso Vito («VITO: Beato te, Marco mio... sempre di buon umore!... I tu canti, mentr'io spasimo!... I MARCO: Suvvia! fatevi core: acqua che passa...»; Il voto, I, 2). Alcune scene di Mala vita, in cui compare Annetiello, vengono tagliate (I, 3; II, 2).

[42] A proposito dell'ambiguo e immorale Gleby di Siberia, così Giordano scriveva a Illica: «Scusami, sai, Illica, ma io sono un po' scottato perché Annetiello nella Mala vita mi diede grandi dispiaceri, e dovetti finire per toglierlo completamente, mentre in prosa era il personaggio più caratteristico» (lettera a Illica del 4 gennaio 1903; citata in Umberto Giordano, p. 310).

3. I MODULI STILISTICO-ESPRESSIVI

Una volta accertate le novità a livello di *plot* drammatico, sarà il caso di soffermarci su alcuni di quei momenti topici del melodramma che assumono una grande importanza connotativa (spesso coincidendo con il 'pezzo chiuso', sia esso romanza, duetto o coro) pur non conducendo sempre contenuti drammaturgici importanti.

3.1. *Il* rétro

Proprio per la mancanza di istanze di rottura nei confronti del passato ravvisabile nel 'verismo' letterario e, di riflesso, nell'operismo della Giovane Scuola, non sorprende che, soprattutto in prodotti minori, certe strutture espressive assolutamente 'romantiche' permangano anche nel melodramma 'plebeo' e si crei spesso una sorta di dissociazione di questo genere: vicende 'plebee', quindi veriste — se così possiamo dire — alla seconda potenza, mutuano caratteristiche di tutt'altro ambito, di tipo, cioè, tradizionale. Una tipica situazione del genere è lo schema che potremmo definire 'la fanciulla attende, assieme alle compagne, il ritorno dell'uomo'.[1] In *La bella d'Alghero* (parte prima, scena prima) Eulalia attende l'arrivo del promesso sposo Efisio; la scena è così strutturata: un recitativo rigorosamente esplicativo («Un baldo valoroso bersagliero | Giurommi fede e mi farà sua sposa | [...]») e un brano lirico in quinari in cui la protagonista manifesta il desiderio di rendersi bella per l'occasione («Oggi vo' essere | Di queste valli | Io la regina; | [...]»); il coro riprende puntualmente ogni momento del brano («Oggi sarai | Di queste valli | Tu la regina», eccetera). Analoga situazione in un altro dei primissimi melodrammi 'plebei', *Labilia* (scena terza), in cui il colloquio della protagonista con le amiche ha luogo nel recitativo, e il momento lirico esprime la spensieratezza della giovane («Come nubi dal vento fugate | Or le noie sen vadan da me... | [...]»). Da notare come sia *Labilia* sia *La bella d'Alghero* contengano la funzione drammaturgica del 'ritorno del personaggio' (nella seconda opera non si tratta però di un evento inatteso come

---

[1] Basti ricordare la scena di *Semiramide* di Rossini (1823, I, 9) in cui la Regina e il Coro attendono l'arrivo di Arsace: «CORO: Serena i vaghi rai, | Schiudi a letizia il cor. | Più dolci spiran l'aure | D'amor la voluttà... | [...] | SEMIRAMIDE: Bel raggio lusinghier | Di speme e di piacer | Alfin per me brillò: | Arsace ritornò. Sì, a me verrà | [...]».

nella prima). Anche in *Nozze!...*, ritroviamo la medesima situazione della donna in attesa, con le compagne (primo atto), e anche in questo caso vi è la funzione del 'ritorno' inaspettato di Beppe.

3.1.1. *Il rétro di* Tristi nozze

Continuando a saggiare il *corpus* nella direzione di un recupero di moduli di tipo romantico, è interessante il caso di un melodramma come *Tristi nozze*, opera del 1893, quindi composta in un momento in cui la moda 'plebea' era nel suo massimo di espansione. Qui il recupero di stilemi romantici è molto accentuato, soprattutto se si tiene conto che l'intento dei librettisti era quello di fare un melodramma tipicamente in chiave con le novità del verismo 'plebeo'. I personaggi di questo atto unico (elemento questo, come si è detto, già per molti versi programmatico) sono solo quattro, tutti principali e tutti pescatori: tre sono sardi (Rilla, Flavio e Toto) e uno siciliano (Severo). «La scena succede in Sardegna – Epoca presente». Vi è dunque una connotazione regionalistica ad accompagnare uno scontro fra rivali: Severo, che ama Rilla, è lo 'straniero', colui che appartiene ad un'altra cultura e civiltà, che pretende una donna non a lui destinata. L'editore del melodramma è Sonzogno, la vera guida spirituale della Giovane Scuola. Vari elementi concorrono a fare di *Tristi nozze* un'opera tipicamente 'plebea'. Per inciso notiamo il suo 'grado zero' di complessità nella trama, di tipo 'amore danneggiato da volontà negativa': A ama B riamato; C, fratello di B e nemico di A, vuole dare B in sposa a D. In uno scontro, C uccide A. Non si sono operate semplificazioni, il melodramma sta tutto in queste linee essenziali. Una lettura del testo ci porta però a climi melodrammatici del passato: dopo una *aubade* di Severo ad apertura di sipario (si parlerà in seguito del 'canto-nel-canto' in ambito verista e, particolarmente, in ambito di operismo 'plebeo'), troviamo il duetto fra questi e Rilla (scena seconda), realizzato secondo il tipico schema romantico di incontro – duetto d'amore – distacco: ricordiamo in *Lucia di Lammermoor* (Cammarano – Donizetti, 1835) la scena fra Edgardo e *Lucia* (I, parte 1, 1) similmente strutturata. Abbiamo le titubanze della fanciulla («Deh non tentarmi. Questo mio dolore | rispetta se tu m'ami, o mio bel damo; [...] Non mi tentare; fuggi o Severo, va...»), la reazione dell'uomo che non si crede amato («Senza il tuo amor che vale | vivere, o Rilla! [...] no, tu non m'ami più»). La contro-reazione di Rilla («Se t'amo! O mio Severo, | e me lo chiedi tu?»). Soprattutto abbiamo la 'prospettiva di un futuro migliore': «SEVERO: — *abbracciando Rilla* — Noi fuggiremo a l'isola dei fiori, | ove crescon gli aranci e gli amaranti; | ti canterò del mio paese i canti, | tu scorderai la tua famiglia e il mar».

Di momenti simili è disseminata l'opera romantica italiana; ad esempio ricordiamo *La traviata* (Piave – Verdi, 1853, III, 6): «ALFREDO E VIOLETTA, a 2: Parigi, o Cara/o, noi lasceremo, | La vita uniti trascorreremo: | De' corsi affanni compenso avrai, | La mia/tua salute rifiorirà. | [...]».

In *Aida* (Ghislanzoni – Verdi, 1871, atto terzo), la protagonista cerca di convincere Radames a fuggire con lei, venendo meno al suo dovere di condottiero (curiosamente qui si invertono i ruoli: è la donna che cerca di vincere i dubbi dell'amante): «Fuggiam gli ardori inospiti I Di queste lande ignude; I Una novella patria I Al nostro amor si schiude... I Là... tra foreste vergini, I Di fiori profumate, I In estasi beate I La terra scorderem».

In *Aida*, come in *Tristi nozze*, troviamo le resistenze del personaggio 'passivo': «RADAMES: Sovra una terra estrania I Teco fuggir dovrei! I Abbandonar la patria, I L'are de' nostri Dei! [...]». L'insistenza di *Aida* che fa leva sul ricatto sentimentale: «AIDA: Tu non m'ami... Va'! I [...] I Va'... va'... t'attende all'ara I Amneris... [...]». Quindi la contro-reazione dell'uomo: «Mortal giammai né Dio I Arse d'amor al par del mio possente». Altri esempi di questa retorica dialogica dei personaggi li troviamo in *Un ballo in maschera* (Somma – Verdi, 1859), nel grande duetto fra Amelia e Riccardo (II, 2); come in *Tristi nozze* abbiamo il tentativo di dissuadere l'amante: «AMELIA: Ah, mi lasciate... I Son la vittima che geme... I Il mio nome almen salvate... I [...]». L'incalzare di questi, che vuole una conferma dell'amore di Amelia: «Di' che m'ami... I [...] I Un sol detto...». E Amelia, come Rilla, non può fare a meno di ammettere: «Ebben, sì, t'amo...». Il contrasto fra principio di piacere e di dovere, alla base di molti melodrammi verdiani e romantici in genere, informa anche *Tristi nozze*; il duetto tra i fratelli (scena terza) richiama in modo notevolissimo quello fra Enrico e Lucia di Lammermoor nell'opera omonima di Donizetti (I, parte 1, 2). In *Tristi nozze* manca il motivo dell'inganno teso per convincere la donna dell'infedeltà di Edgardo, ma permangono gli artifici retorici; il richiamo a un dovere dettato da leggi superiori: in *Lucia* la necessità di un matrimonio che salvi le sorti della famiglia («ENRICO: Dal precipizio I Arturo può sottrarmi, I Sol egli!...»); nel melodramma 'plebeo' un giuramento fatto alla madre («FLAVIO: Non giurasti tu alla morta I madre.... RILLA: È ver, giurai... ma l'amo. [...]»). Così come in *Lucia*, riscontriamo nell'opera di Dallanoce l'accettazione passiva del destino: («[...] Resterà il cor piagato I nascosto in fondo al petto. I Al sacrificio chino I la testa. Oh rio destino!»). Anche un esame della scena seguente, con l'arrivo del promesso sposo Toto, conferma le osservazioni precedenti: il richiamo alla scena analoga di *Lucia di Lammermoor* (I, parte 2, 4) è molto evidente anche in questo caso. Come nell'opera donizettiana («ARTURO: Ti piaccia i voti accogliere I del tenero amor mio...») lo sposo esprime i propri voti amorosi alla donna: «TOTO: Tu ne' miei sogni, o Rilla, I sempre raggiasti! Bramo I sol renderti tranquilla I quest'esistenza. Io t'amo!»

In entrambe le opere abbiamo l'intervento del coro che esprime la propria felicità:

Lucia di Lammermoor

Per te d'immenso giubilo I Tutto s'avviva intorno, I Per te veggiam rinascere I Della speranza il giorno. I Qui l'amistà ti guida, I Qui ti conduce amor I Qual astro in notte infida, I Qual riso nel dolor.

Tristi Nozze

Lieto sorrida amore | ai fortunosi amanti, | sempre di allegri canti | s'allieti il vostro cuore | È gioia essere giovani, | è gioia in terra amare | [...].

Troviamo poi l'espressione 'fra sé' della donna infelice: («Io vado al sa-crificio» e, ancora, «Me misera!» in Donizetti; «O mio perduto amore, | mio dolce sogno, addio!» in Dallanoce). Il duello finale fra Severo e Flavio (scena sesta) richiama analoghe sfide romantiche di cappa e spada, più che una zuffa con il coltello. Ad esempio, ne *La donna del lago* (Tottola – Rossini, 1819, II, 2) lo scontro fra Uberto e Rodrigo: («UBERTO: Vieni al ci-mento... | Io non ti temo... | L'istante estremo | Ti giungerà.»). E in *Tristi nozze*: «SEVERO: Io non ti temo. Appressati | se a te non manca il core!»

La situazione generale è più sfumata, il melodramma 'plebeo' non si li-mitò a ripetere solo tipologie del passato. Basti, per ora, sottolineare co-me nel titolo preso in esame siano riscontrabili certe caratteristiche.

3.1.2. *Ancora sul* rétro

Vale la pena, comunque, di insistere nel verificare se il *corpus* conten-ga altre tracce di moduli 'romantici', o quantomeno appartenenti a una drammaturgia non realista.

Il *topos* che potremo chiamare 'prospettiva di un futuro migliore', già riscontrato in *Tristi nozze*, si trova in alcuni casi, anche in librettisti di un certo livello letterario: l'Illica di *La martire* (atto terzo):

MIKAEM: Anka sepolta, | Sulina lasceremo. | Avremo un novo sole sulla fronte | e innanzi un orizzonte | di novelle speranze! | Avremo un casolare | fra i campi solitario | da piante alte ombreggiato | e innanzi al limitare | sparso di fiori un prato... | Là, innamorata e buona, | sarai la mia padrona!

e, poco dopo, quando Natalia sta morendo per le esalazioni del braciere acceso, riprenderà l'immagine del casolare. In *La sagra di Valaperta*: il Ton cerca invano di conquistare la Rossa:

E là una casa io vidi in riva al mare, | Una piccola casa tutta bianca: | L'onda blanda la viene a carezzare, | [...] | Io, sogguardando quell'asilo bianco, | Ho subito pensato a te, mio amore; | [...].

Notiamo invece come in *Nunziella*, simile immagine sia espressa con una tonalità più 'domestica', reale anziché mitica: «TORE: Tutto apprestai; la vigile | Paranza alla scogliera | Ci attende. [...] | Tacciono l'aure e l'on-de; | Meco t'involerò» (II, quadro 2, scena 5). Altri esempi di 'prospettiva di un futuro migliore' in *Alla macchia, Malia, Paron Giovanni, Nozze istriane, Mariedda, Vendetta sarda, Rosana, Calendimaggio* ed altrove. Infine, nel *Tabarro* abbiamo la riproposizione di questo tema, ma filtrato dall'ironia degli autori, nel canto della Frugola:

Ho sognato una casetta | con un piccolo orticello. | Quattro muri, stretta stretta, | e due pini per ombrello. | Il mio vecchio steso al sole, | ai miei piedi *Caporale* [il gatto], | e aspettar così la morte | ch'è rimedio d'ogni male!

Un'altra usuale tecnica espressiva del melodramma romantico è quella delle 'rimembranze' del personaggio. In *Un ballo in maschera* (Somma – Verdi, 1859), dopo lo sfogo d'ira nei confronti di Riccardo, l'amico che crede traditore («[...] Altro, ben altro sangue a terger dèssi | l'offesa!... — *issando il ritratto* — il sangue tuo!»), Renato ricorda il suo amore per Amelia (III, 1): («O dolcezze perdute! O memorie | D'un amplesso che l'essere india! | Quando Amelia sì bella, sì candida | Sul mio seno brillava d'amor!»). Quindi, la consapevolezza della fine di un sogno («È finita, non siede che l'odio | E la morte nel vedovo cor»). Così, in diversi melodrammi 'plebei', questo si ripete: *Mala Pasqua* è un esempio interessante in quanto ci permette un confronto con la fonte drammatica, in cui manca ogni accenno a un simile monologo:

[...] Ed io volea sognare il bel sogno d'amore | le sue bianche braccia per non destarmi più. | Offrivo a lei beato le mie speranze in fiore, | era la mia madonna, scesa per me quaggiù; | Oh, donna maledetta! Di', la tua fede è questa? | È questo il giuramento che benedì il Signor? — *Alfio si allontana* —

in *Festa a Marina*:

TONIO: Lo scherno! — Ed io sognavo | ancor come un fanciullo!... | M'ero fatto suo schiavo | E ne sono il trastullo! | [...] | Perché qui, del mio cuore | Ne lo spasimo, c'è | Un sospiro d'amore | Che morirà con me!

Riportiamo ancora l'esempio di Nunziella (I, quadro 2, 5):

COLA — *in disparte, prima guardandosi intorno quasi trasognato, poi in un subito accesso [di] disperazione, avanzandosi minaccioso, furente* — Oh idoleggiato viso divino | Oh de' miei sogni fulgido error!... | M'aspetta il sangue su'l mio cammino; | A me che importa vivere ancor? | [...].[2]

Un altro momento in bilico fra tradizione e innovazione è rappresentato dal concertato; non sono rari quelli di tipo 'statico', che presentano l'esposizione contemporanea da parte dei personaggi, di affetti diametralmente opposti, fermando momentaneamente l'azione. Possiamo ancora in questo caso notare come un elemento del genere, tutto sommato estraneo ad una concezione realistica del dramma, sopravviva in diverse opere e an-

---

[2] In *Fior di Sardegna* («GIGI: L'infanzia insiem trascorsa, | L'affetto vicendevol, caro, | Giurato i mille dì, son cosa vana, | Una gentil aurora, | Svanita pur con lo spuntar del sole... | E che non torna più»). Ancora, in *Dore* («NANNI: E pur quel perfido volto di neve | Parea promettermi d'amor la fede. Oh stolta, oh vana mia illusione!»; in seguito, «DORE: — *con la più grande tristezza* — Ed io l'amavo il suo volto di neve, | Ed io sognavo la sua forma lieve | Nel vagare mio vano! | Ed or che l'occhio mio l'incanto beve | Di sua beltà, ne son tanto lontano»).

che in alcune che per linguaggio e conduzione dell'intreccio, sono abbastanza tipicamente 'plebee'. Nella scena ottava di *Dramma in vendemmia* (1896), dopo il racconto di Beppe che rivela a Celeste la sua storia, lo svolgimento si arresta per far spazio a un momento di riflessione da parte dei quattro personaggi. Una breve analisi mostra tutta l'architettura formale del pezzo, costituito da quattro sestine di decasillabi, con le solite rime in ognuno (ABBCDC). Due personaggi hanno funzione, diciamo così, attiva in senso contrario: Maria cerca di indurre la figlia a seguirla, pur ammettendo i torti passati; Beppe si rivolge a Celeste, nel tentativo di convincerla a non partire, e la richiama all'affetto verso il patrigno e verso se stesso. Celeste e Sandro, invece, esprimono 'fra sé' i propri contrastanti sentimenti, incapaci di prendere una risoluzione. Precedentemente (1892), anche ne *La bella d'Alghero*, troviamo un concertato a cinque voci, con l'espediente del 'fra sé' (scena tredicesima); questo è un caso in cui anche il linguaggio aulico dei personaggi contrasta con la materia bassa, ancor più che in *Dramma in vendemmia*, e «donzelle, pescatori e bersaglieri» si esprimono come eroi di un'opera donizettiana.[3] In questo caso si assiste a un fenomeno abbastanza frequentemente messo in evidenze nel *corpus*: determinate forze centripete che frenano radicali innovazioni di materia, tecnica drammaturgica, linguaggio, si riscontrano in opere il cui valore letterario è minore. Notiamo inoltre come opere del periodo di maggior fulgore della moda 'plebea' (dal 1890 al '95–6) letterariamente di fattura superiore, con librettisti che si chiamano Illica, Golisciani, Leoncavallo, lo stesso Daspuro, non prevedano concertati. La presenza di concertati molto ampi in due opere di buona fattura letteraria come *Maruzza* e *La collana di Pasqua* viene infatti 'giustificata' dall'uso del tutto particolare che ne viene fatto, non più contemplativo, frenante l'azione, ma drammaticamente plausibile, dunque 'dinamico': in *Maruzza* (1894), il concertato segue il litigio fra Gna 'Nzula e Zù Rosario, cui si uniscono Massaro Giorgio e Peppe, nel tentativo di fare da pacieri; ne scaturisce una situazione volutamente confusionaria, con le voci che si intrecciano; da notare l'uso di metri abbastanza ricercati, il doppio quinario (col primo sdrucciolo) per 'Nzula:

> Mi colga il fistolo — se ancor m'immischio, | non vo' più correre — un simil rischio! | Non so, che diamine gli salta in mente... | — *accennando a Zù Rosario* — | È così stupida — cotesta gente!

e il martelliano per Peppe («Lasciate pur, che sfoghi! — Orsù, non ci pensate...»). La situazione drammatica richiama un po' l'uso del concertato sull'esempio di quelli del *Falstaff* verdiano (Boito, 1893). Ne *La collana di Pasqua*, vi è un concertato che prevede una sovrapposizione di due

---

[3] Il discorso sul linguaggio sarà ripreso in seguito: riportiamo comunque, a mo' di esempio, la quartina di Efisio, nel concertato in oggetto: «Ingojarmi deh! possa la terra, | In sì dura terribile guerra, | Pria ch'al lampo di fiero pugnale | Sia punito l'oltraggio fatale». Va notato l'uso di binomi di linguaggio 'alto' («fiero pugnale», «oltraggio fatale»).

scene simultanee: il colloquio fra Pasqua e Nastagia e il battibecco fra Taddeo e i ragazzi; anche in questo caso non vi è dunque il momento contemplativo e l'insieme è subordinato a fini drammaturgici.

3.2. Il 'canto-nel-canto'

L'espediente operistico del personaggio che canta con intenzioni realmente musicali, in altre parole il 'canto-nel-canto', non nasce certo nel melodramma 'plebeo' o comunque in quello della Giovane Scuola. Soprattutto in ambito romantico, questa possibilità espressiva trovò un'ampia applicazione. Citando a caso, nella prima parte (scena terza) del *Trovatore* di Verdi, su libretto di Salvatore Cammarano (1853) un recitativo del Conte di Luna, fremente d'amore per Leonora, viene interrotto dagli «accordi d'un liuto» e, successivamente, la voce di Manrico esegue dall'interno il canto «Deserto sulla terra». Vedremo poi come nel melodramma 'plebeo' sarà frequente la medesima situazione del personaggio che canta dall'interno della scena. Sempre nel *Trovatore* (II, 1), Azucena viene esortata dagli altri zingari a rallegrare con una canzone il loro lavoro.[4] Ancora prima, nella *Straniera* (Romani – Bellini, 1829) Alaide — come Manrico — entra in scena preceduta dal proprio canto, e così pure Viscardo ne *Il giuramento* di Rossi – Mercadante (1837).[5] Altri esempi di 'canto-nel-canto' sono nel *Simon Boccanegra* di Verdi, la cui versione definitiva, del 1881 si avvalse del libretto di Boito (il canto di Gabriele Adorno, «Cielo di stelle orbato», sempre eseguito internamente alla scena, I, 1); nel *Don Carlos* (1867), sempre di Verdi (la «Canzone del velo» di Eboli). Azucena e Eboli si esibiscono praticamente di fronte alla platea, mentre Manrico, Alaide, Viscardo, Adorno, pur in situazioni differenti, cantano, come dire, a proprio uso e consumo, 'fra sé'. Nel melodramma 'plebeo', questa varietà di tipologie permane: il canto 'fra sé' è il più usuale, ma si esibiscono incoraggiati da una 'platea', ad esempio, Annetiello (*Mala vita*, III, 2, di cui si parlerà fra poco), Tilda (*Tilda*, I, 2): «CORO: — a Tilda — Il saltarello — il saltarello: | balla e accompagnati — col tamburello. | [...] | Almeno canta...»; la protagonista di *Fiorella*: «CORO: — a Fiorella — Fiorella, | stornella! [...] | Canta un po' quello 'Fiorin di giglio' | [...]». In generale, vi è una esasperazione della situazione 'canto-nel-canto'. Su tutti i titoli esaminati, solo una decima parte non presenta occorrenze: molte opere presentano due o più occorrenze, fino a quattro o cinque — *Rosana*, *Rosella* (Dessannai), *Maià*, *Mala Pasqua*, *Fiorella*. Come detto, la moda del 'canto-nel-canto' interessò l'intero melodramma della Giovane Scuola: nel primo atto di *Siberia* (Illica – Giordano, 1903), Gleby, accompagnandosi con il tintin-

---

[4] «TUTTI: Chi del gitano i giorni abbella? | La zingarella! | AZUCENA: — *Canta: gli Zingari le si fanno allato*. — Stride la vampa! — la folla indomita | [...]».
[5] Atto primo, scena ottava: «VISCARDO: — *di dentro a voce piena* — Ti creò per me l'amor, | Per amarti a me fè il cor. | Sol mio voto, mio pensier, | De' miei voti sei piacer».

nio della spada nel fodero e di due rubli intona una «mattinata» («Invece d'una vieta serenata | perché come si addice all'italiana, | alla sua porta con idea cortese | non sussuriamo qui una 'Mattinata'»). Il protagonista di *Zanetto* (Targioni Tozzetti, Menasci – Mascagni, 1896) entra in scena preceduto dal suo canto, così come Jake Wallace, il cantastorie della *Fanciulla del west* (Civinini Zangarini, 1910). Rimanendo a Puccini, in *Manon Lescaut* (1893) abbiamo il madrigale eseguito dai musici in onore di Manon (atto secondo) e l'episodio del lampionaio che «entra dal fondo a destra, canterellando» (atto terzo). In *Bohéme* (1896, libretto di Illica e Giacosa) Musetta si 'esibisce' al Caffè Momus fra l'imbarazzo di Alcindoro (atto secondo); Schaunard (atto quarto), di professione musicista, si vorrebbe lanciare in una «romanza», subito bloccato dalle proteste degli amici (una presaga satira alle troppe 'canzoni' del melodramma 'plebeo'?). In *Zazà* (1900, libretto e musica di Leoncavallo) abbiamo il canto della teatrante che sta provando per lo spettacolo. Climi del tipo di *Zazà* vengono anticipati in un'opera del *corpus*, *La martire*: il secondo atto di questo melodramma si svolge all'interno di un caffè-concerto e prevede l'esibizione della divetta Nina Fleurette e dei due artisti ospiti:

> NINA: l'onor di presentarvi ho, mio signore, | Crysostomus Weischeit, basso profondo; | tedesca scuola, wagneriano e biondo; — | e Baciacieli, angelico cantore | che della pura scuola italiana | il metodo soave ha conservato.

Ovvia la parodia wagneriana («WEISCHEIT: Le *Filatrici*, sono un esemplare | rarissimo di *Leitmotif* scientifico. | V'è un zig-zag d'armonie... Per la qual cosa | metto un costume di Maestro Cantore») e quella del tenorino italiano («BACIACIELI: Un tocco di carbone sotto gli occhi!... | [...] | Flebilizzar lo sguardo e illanguidire | la voce!...»). Baciacieli esegue la «romanza del m° M. S. Deliciati» «Fammi morir!» e subito dopo Crysostomus risponde con il suo bislacco Lied preceduto da un recitativo inneggiante la primavera. Finalmente Nina si esibisce in un brano, «La mamma» pieno di doppi sensi degni dell'avanspettacolo e condito, come recitano le didascalie, da gesti eloquenti. Proseguendo con i personaggi che cantano, diciamo così, professionalmente, troviamo, in un'altra situazione di teatro-nel-teatro, Peppe (*I pagliacci*) che intona una serenata a Colombina-Nedda: «LA VOCE DI ARLECCHINO — *Peppe di dentro* —: O Colombina, il tenero | fido Arlecchin | è a te vicin! | Di te chiamando, | e sospirando — aspetta il poverin! | [...]». Il canto sulla scena del personaggio rappresenta il momento di maggior realismo nell'opera in musica, l'unica occasione in cui, in una ipotetica trasposizione di un melodramma in dramma recitato, l'eloquio musicale sarebbe legittimo. Logico quindi che, nell'ambito di un melodramma con intenti di realismo come quello della Giovane Scuola, e in particolar modo come quello 'plebeo', le occorrenze in cui il personaggio canta, diciamo, alla seconda potenza vengano ampliate. Varie sono le giustificazioni dell'espediente; e sembra che si possa riscontrare una divisione piuttosto netta fra melodrammi di un certo livello letterario e prodotti minori, nel senso che in quest'ultimi vi è spesso una gratuità dell'occorrenza, una sua mancanza di motivazione, che la rende stanco prolungamento dell'uso romantico di creare una parentesi non necessaria al dramma; così l'inutile canto di Alfio in *Mala Pasqua*, precedente la delazione di Carmela («Destati, o bella vieni al verone», III, 1), il canto interno, ad apertura di sipario, di Eulalia in *La bella d'Alghero*: vale la pena di riportarlo parzialmente proprio per denunciarne la gratuità drammatica:

> — *dal balcone* — O bella aurora, che dal mar sorgendo | Di roseo manto questi lidi infiori, | Grazie da l'imo petto io qui ti rendo | Perché coroni i miei più ardenti amori | [...].

Un esempio, il precedente, di come si possano recepire determinate strutture (canto fuori scena a inizio dramma) privandole di contenuti drammatici: il canto di Turiddu, sebbene teoricamente eliminabile senza compromettere la leggibilità della vicenda, riassume il clima di un rapporto amoroso adultero, i cui elementi in gioco sono in un precario equilibrio che può generare da un momento all'altro la tragedia; non è quindi solo, in quanto in dialetto, un elemento folklorico. Questo fenomeno di ricezione strutturale di una *auctoritas* ma di un impiego del 'canto-nel-canto' sostanzialmente avulso dalla necessità drammatica lo si trova ancora nel canto di Severo in *Tristi nozze* (scena prima):

> Cantano i galli: bella testina | di latte e sangue tenero fiore, | lascia il guanciale. La mattutina | aura ti porta canti d'amore. | Cantano i galli: ti porta il raggio | del vivo sole; porta il canoro | riso dell'acque. Presto al messaggio | lieta rispondi testina d'oro. — *Rilla s'affaccia al limitare della porta della casa, sporgendo il capo* —.

Similmente il preludio-barcarola che precede l'apertura di sipario in *Paron Giovanni* (se ne riporta solo la prima strofa): «Quando dorata | sorge l'aurora | e nelle vele | spira grecal | bianca una fata | vedo alla prora | di fiori e raggi | forma ideal. [...]».
Ricordiamo ancora la «Scena del riposo» in *Dramma in vendemmia*,[6] il canto di Vincenzo in *Stella* (I, 5) e altri; riportiamo per tutti, il caso estremo di Nunziella: nel secondo quadro del primo atto di quest' opera (scena prima), Tore canta un brano che ricorda addirittura gli schemi settecenteschi dell'aria 'di paragone', nella fattispecie 'di tempesta'; con il tropo retorico della prosopopea:

> — *nella barca pescereccia si avvicina alla riva e lo si ode in lontananza cantare* — Vecchio mare, io ti conosco; | Co' tuoi gorghi io so lottar; | Io ti sfido ur-

---

[6] Ulteriore esempio della fondamentale ambiguità del melodramma 'plebeo': da una parte momenti innovativi, dall'altra il ricorso a formule oramai addirittura obsolete nell'operismo di trent'anni prima; in *Dramma in vendemmia*, infatti, troviamo questa scena (non numerata, che si situa fra la quinta e la sesta), assolutamente inutile drammaticamente, poiché il personaggio di Rita non compare altrove e si limita qui ad un colloquio col coro che poi la invita a cantare («Quando al mattin vo' a cogliere, | Nanni, i bei raspi d'or, [...]»).

lante e fosco | Sotto l'ira aquilonar, | Se davanti a la pupilla | Pien di luce un
queto asil | E un'immagine mi brilla | Da l'angelico profil.

Molto tipica la situazione, già rilevata nel melodramma romantico, del
personaggio che entra in scena preceduto dal proprio canto; così la bar-
carola di Andrea in *Sacrificio!*: («— *avvicinandosi alla riva canta la se-
guente barcarola* — Segui segui mormorio | Lento placido, dell'onda, | La
cadenza del cor mio | Nei suoi palpiti d'amor»); e in *Maricca* («VOCE DI BIL-
LIA: — *da lungi* — Bimba mia, | De' begli occhi la malìa | Questo core à
[sic] incatenato; [...]»). Insomma, grande parte dei canti dei personaggi,
nel *corpus*, riprende gli schemi romantici, iterandoli, e se questo è come
abbiamo detto più marcato nella produzione minore, anche le opere più
importanti non sono esenti da una ripetizione di canti che non si inseriscono con una giustificazione drammatica: così, nei *Pagliacci*, il canto di
Nedda («Hui! stridono lassù, liberamente», I, 2). Spesso, come in questo
caso, il 'canto-nel-canto' coincide con la romanza dell'opera.
    Come si è già detto, il 'canto-nel-canto' acquista in ambito 'plebeo'
un'importanza particolare, come mezzo di connotazione folklorica. Questo
avviene sia attraverso mezzi linguistici (soprattutto il dialetto), che attraverso la rappresentazione di costumanze tradizionali del popolo, e questo
in opere in cui l'intento folklorico è spiccato: in *Maruzza*, Peppe, volendo
svergognare la protagonista, che ha accettato del denaro da Massaro
Giorgio come 'liquidazione', intona la cosiddetta «Canzone di sdegno»
(«GNA NZULA: [...] Lo veggo [Peppe] che si ferma — dinanzi all'osteria | e
concitato parla — coi suoi compagni. GIORGIO: Segno | che si accaparra il
coro — per cantare di sdegno!») di cui riportiamo la prima delle tre strofe:

> PEPPE: — *di lontano (Canzone di sdegno)* — Quando passo dinanzi a la tua por-
> ta, | non m'importa — trovarla chiusa o aperta. | Lo so, che, mentre fai la gat-
> ta morta, | se' troppo accorta — per non stare all'erta! — *il Coro accentua le
> parole sdegnose* —

da notare la presenza di didascalie di esecuzione scenica («— [...] *canta
verso la casa di Maruzza. I nove compagni sono disposti a cerchio, ognuno con le braccia incrociate sulle spalle del vicino* —»). In *Nozze istriane*
Lorenzo, analogamente, «— *canta, come usano i dignanesi, delle Bottona-
te contro Marussa* —» (II, 7):

> Il cor ferito m'hai con cento spade | e i sassi ho tutto intorno insanguinato; | io
> porto la mia croce per le strade, | tutti sanno che m'hai assassinato. [...] Ah,
> maledetto quando andavo intorno | a tue mura modesto e consolato! | E di' a
> tuo padre vile che ti vende | che già su lui l'ira del ciel discende![7]

Per quanto riguarda l'uso linguistico, va ribadito che un vero e proprio
colpo d'ala teatrale come il canto siciliano di Turiddu a sipario calato, in
Cavalleria rusticana, divenne una specie di *auctoritas* che creò imitazio-

---

[7] In *Fior di Sardegna* è il titolo di una serenata quello che dà il nome al melodramma.

ni. Le caratteristiche peculiari del brano (in dialetto, fuori scena, prima della vicenda vera e propria) vennero riprese numerose volte: in *Treccie nere* Maria esegue un canto in dialetto, dall'interno della scena e ad inizio della vicenda:

> Tu duorme, Sante mio, nu'sogno d'oro, | e ti sogni li fiori a primavera. | I'ti pensando tutta gelo e moro, | gelo e moro per te, mattina e sera. | Ci semo visti sopra a la montagne, | mi parivi nu re mezzu' nu regne.

Perfino nella tarda *La bardana*, del 1933, il *topos* permane, con la canzone eseguita da «La voce dolcissima» (che si rivelerà poi essere quella di Belvì):

> Flora ca non ti potu ritrovare, | rajosa de meu domu, anzone janca | si t'has bido su coro | che ti desi una die, ojos de incantu, | dame, rajosa mea, dame su coro | che moro: | flora, ca non ti potu ritrovare! [...]

> Grazia, ca non ti potu visitare: | ti mando sa canzuna imbasciadora, | anzona janca de meu domu, flora, | stedda du mare!

Oltre alla occorrenza della serenata, o 'mattinata', sull'esempio di *Cavalleria rusticana*, canzoni in dialetto si trovano nelle opere del gruppo napoletano, che ebbero successo all'estero come ambasciatrici di una meridionalità di maniera; in *Mala vita* (III, 2) Annetiello esegue una canzone («scritta appositamente da S. Di Giacomo», come si legge in una nota del libretto) che passerà poi al personaggio di Marco nel rifacimento del 1897. Dopo la canzone di Vito (III, 1), «*— Alcune donne sui tamburelli attaccano un tempo di tarantella; altre la eseguono. —* alla fine della tarantella, da lontano, si odono suoni e canti, che rapidamente si avvicinano. —» e ancora, di seguito, una descrizione scenografica: «*— I ragazzi sono muniti di tutti gl'istrumenti caratteristici delle feste popolari napoletane. —*»:

> Ce sta | ce sta nu mutto ca dice accussì: | c''o bevere e 'o mangià | è 'o meglio ca ce sta! | | Chi sa | taverna a l'ato munno si nce n'è, | si ce vedimmo llà | amice mieie, | chi sa... | chi sa! | | [...]

In *A Santa Lucia* (I, 1) alcune ragazze «tenendosi abbracciate alla vita tre per tre, e avanzandosi cantando voluttuosamente» esprimono la propria gioia: «La luna mmiez''o mare! | Mamma mia, mariteme tu! | Nu ninno aggia ncappare... | Ca non pozzo aspettà chiù!...» In *Vendetta sarda*, il canto di Bastiano, «Lassami, amore, in sussegu», all'inizio del secondo atto, è un autentico canto popolare ripreso dal folklorista Matteo Madau (come spiega una nota del melodramma): «Lassami, amore, in sussegu | Ca ses pizzinu traitore.... | Non bi jogo pius, amore, | Ca mi das colpos de zegu». Salvatorica riprende poi 'in parodia' il canto: «Sunt bellas sas artes tuas! | Faghes de su bell'in cara, | E mi trapassas insara | Su coro e pustis tis cuas...».[8]

---

[8] Anche in *Refugium peccatorum* una nota al canto di Nella («Co la paxe d'i anzoleti», scena nona) specifica: «Frammento di classica e profumata canzone chioggiotta — compresa nella splendida raccolta compilata dal professore V. Garlato».

Si può ricordare, nell'ambito di un recupero folklorico del canto, sebbene non in dialetto, la «canzon di Provenza» che Sergio intona con alcune fanciulle in *Maià* (II, 3). In questa stessa opera troviamo un canto di operaie, contadine, pastori e bovari, traduzione di una vecchia canzone di cui viene riportata a fronte anche la versione originale in provenzale («A l'alba s'è levata», I, 1,). Così pure in *Vendetta zingaresca* (inizio del primo atto) Emanuele «Lentamente si allontana intonando una canzone popolare».[9]

Un momento *clou* dell'operismo plebeo, sebbene anche questo con precedenti romantici, è il brindisi. Anche a questo proposito è ipotizzabile una proliferazione dovuta all'*auctoritas*, *Cavalleria rusticana*:

Viva il vino spumeggiante | nel bicchiere scintillante, | come il riso dell'amante | mite infonde il giubilo! | Viva il vino ch'è sincero | e che annega l'umor nero, | che ci allieta ogni pensiero, | nell'ebbrezza tenera.

Le occorrenze sono molte, e spesso non è chiaramente deducibile se si tratti di un vero 'canto-nel-canto': due in *Mala vita* (II, 2 e II, 1), una in *Rosella* (scena seconda), *Tilda* (II, 2), *Maià* (II, 3), *Nozze istriane* (II, 6),[10] eccetera.

Ma l'apoteosi del 'canto-nel-canto' in funzione folklorica lo abbiamo nella prima scena del secondo atto di *A Basso Porto*, un altro prodotto 'da esportazione' di grande successo: nell'osteria di Pascale ha luogo una 'gara delle canzoni' fra Luigino e Pichillo: una vera e propria esibizione di 'posteggiatori', con tanto di chitarre e mandolini, per un pubblico, quello tedesco per cui l'opera fu prodotta, che richiedeva del meridione uno spaccato di questo genere, a mo' di cartolina illustrata (ne riportiamo una parte):

LUIGINO: Mare d'argento, | Per me, bellezza mia, tu se' un incanto | Se al mio lamento | Ascolto dà colei che il cor m'ha infranto. | PICHILLO: Se provi l'amor, se provi l'amor, mia bella, | Io pur t'amerò, sarai di mia vita la stella. | LUIGINO: Luna d'argento, | [...].

Talvolta, proprio come nel caso di *A Basso Porto*, la canzone assume una funzione drammatica:

PASCALE: — *si volge a Luigino* — Tu in fondo al vicolo ti apposterai. | Noi là saremo: poi quando udrai | Della canzone l'ultima nota, | Quello è il segnale: colpisci rapido: | Ei dee morire da traditor.[11]

Va inoltre ricordato un altro genere di occorrenze di 'canto-nel-canto', e cioè quello di tipo impressionistico. Abbiamo già ricordato, in am-

---

[9] Ancora l'inizio di *Rosella* (Dessannai), in cui Don Zuà e la protagonista intonano un «motivo sardo popolare».
[10] Qui però si tratta di un brindisi in rima, non 'cantato'.
[11] Altri due casi si riscontrano in *Festa a Marina* e in *Vendetta sarda*; nella prima opera, il canterellare di Cicillo fa esplodere la furia omicida del marito Tonio; in *Vendetta sarda*, analogamente, Salvatorica e Bastiano, col loro canto beffardo, eccitano l'ira di Michele che uccide Maria.

bito non 'plebeo', il canto del lampionaio nella *Manon Lescaut* di Puccini; episodio massimamente 'gratuito' ma che però assume una notevole valenza poetica; così pure il canto del pastorello nella *Tosca* (Giacosa, Illica – Puccini, 1900), quello del cenciaiolo nel terzo atto di *Iris* (Illica – Mascagni, 1896), e del savoiardo nel finale di *Fedora* (Colautti – Giordano, 1898).[12] Nel melodramma 'plebeo' troviamo questo uso in lavori piuttosto tardi come in *Maià*:

> UNA VOCE LONTANISSIMA DI CONTADINO — *cantando* — Splende l'astro seren... — *la voce si perde lontano* — MAIÀ e SERGIO: Vien!... — *Maià e Sergio appaiono abbracciati, lontani, nell'ombra* — *L'usignolo canta nel silenzio della notte. (cala lentamente la tela)* —

o come in *Grazia* col canto dialettale eseguito internamente ad apertura della seconda parte dell'opera («PASTORELLO: Oh! eh! I su sole bellu I s'è calende I cu su cantu meu... I A domo cu su gregge I a riposar... a mandigar...»).[13]

---

[12] *Fedora* ha bevuto il veleno, sta morendo lentamente mentre Loris, disperato, cerca di salvarla, e una voce, dal di fuori, intona le parole: «La montanina mia non torna più». L'intenzione è quella di creare un contrasto fra una scena fortemente drammatica (la morte di *Fedora*) e la placida voce del savoiardo; allo stesso tempo c'è un evidente parallelo fra la donna amata da Loris, che sta morendo lentamente, e la «montanina» rimpianta dal piccolo cantore.

[13] Si veda lo stornello del pastore in *Fiorella* e, ancora, il canto del pastore in *Luisianna* (atto secondo).

4. LA CARATTERIZZAZIONE GEOGRAFICO-FOLKLORICA

4.1. *La concezione del popolo nel melodramma 'plebeo'*

Strettamente legato a una rappresentazione del 'meridionalismo' nel teatro d'opera è l'esplodere, *grosso modo* nel periodo 1860–90, della cosiddetta questione meridionale. All'indomani della raggiunta unità d'Italia, ci si rese ben presto conto di come al di sotto di questo dato di fatto esistssero motivi di inconciliabilità di fondo fra l'Italia 'superiore' e il Mezzogiorno. Solamente con lo studio di Sidney Sonnino e Leopoldo Franchetti sulle condizioni della Sicilia,[1] uscito nel 1876, si cercò di analizzare i problemi di un Meridione che, all'indomani del 1861, si trovava a fare i conti con retaggi feudali di fatto difficili da annullare, con la sopravvivenza di una autorità 'privata' che prevaleva su quella sociale, da cui il radicarsi del fenomeno mafioso; insomma, con l'inchiesta dei due studiosi si passò decisamente a una concezione più problematica della situazione: non bastava 'piemontesizzare' l'altra Italia (questo in sostanza l'atteggiamento di Cavour e dei suoi corrispondenti, il Nigra, il Farini), ma occorreva estirpare alla radice quei motivi di contrasto che avevano portato al fenomeno del brigantaggio, alla camorra, a una gestione burocratica inadeguata. Per quanto questo generale interesse attorno al problema meridionale nascesse pur sempre in un ambito di borghesia illuminata, negando fondamentalmente ogni tipo di lotta di classe, il movimento di pensiero ebbe una sua eco in ambito artistico, con una narrativa di tipo realistico; viceversa, rivolgendosi al teatro in musica la trasposizione del 'plebeo' ebbe caratteristiche affatto particolari. La questione relativa al presunto populismo dei libretti 'plebei', laddove per populismo si intenda pittura di maniera, bozzetto, è già stata toccata dagli studiosi; per esempio, Tedeschi:

> [...] Appena entra il coro, esce la verità e trionfa la maniera. Non è un errore trascurabile: sin dalla prima opera verista manca al popolo una voce sincera. Esso non vive di pane, ma di stornelli [...]. Questa incapacità a esprimere un popolo nella sua realtà, riducendolo a coro melodrammatico disposto in cerchio come spettatore passivo delle cruente imprese dei protagonisti è la prova evidente dell'estraneità del verismo musicale alla verità. I contadini siciliani dipinti da Targioni – Menasci – Mascagni non hanno mai impugnato una vanga o

---

[1] *La Sicilia nel 1876*, in due volumi: il primo, di Franchetti, si intitolava *Condizioni politiche e amministrative*; il secondo, ad opera del Sonnino, *I contadini*. Quasi contemporaneamente uscirono le *Lettere meridionali* di Pasquale Villari il quale, pure, auspicava interventi preventivi e non punitivi per debellare i mali della bassa Italia.

spinto un aratro; sono dei pastori riemersi dall'arcadia letteraria [...]. L'ascoltatore può stare tranquillo: costoro non occuperanno le terre dei baroni né parteciperanno a scioperi agrari. Sono poveri di buona pasta che vanno in chiesa alla domenica, si comunicano regolarmente e, se gli scappa una coltellata è per l'onore.[2]

Lo studioso si riferisce appunto a *Cavalleria* di Mascagni, ma il giudizio, anche a non volere ironizzare eccessivamente, non muta tenendo presente le altre opere 'plebee': il coro, qualora appaia, viene spesso relegato in apertura di vicenda, secondo un collaudato schema romantico; e i concetti espressi sono in sintesi quelli presenti nel prototipo, *Cavalleria*: idealizzazione della natura vista come *benigna mater* («Gli aranci olezzano | sui verdi margini, | cantan le allodole | tra i mirti in fior»); idealizzazione del lavoro e riscatto della fatica mediante una futura consolazione («noi stanchi riposando dal lavoro | a voi pensiam, o belle occhi-di-sole»). Per trovare brani di questo tenore espressivo, non c'è che l'imbarazzo della scelta; così, ad esempio, in *Rosedda*:

CONTADINI: — *da lungi* — Dal campo, dal rivo, | dall'opre feconde | un canto giulivo | al nostro risponde; | è un inno di speme che erompe dal suol | all'aura che freme, al raggio del sol. ROSEDDA: I contadini tornano | dalla campagna. | [...] | E come allegri cantano!

E in *Nunziella* (I, 1):

CORO: [...] | Dopo il lavoro che affanna e spossa | Dolce è il festivo sollazzo a noi. | Quest'ora è nostra: sol questa, e poi | Siamo del mar. | A lui che placido, mite s'addorme | E l'aneloso respir non alza | [...].

In *Celeste* un coro di contadini e contadine segue il classico «intermezzo» (proprio come in *Cavalleria rusticana* di Mascagni) ed è innegabile anche una certa somiglianza formale:

Cavalleria rusticana

UOMINI: A casa, a casa amici ove ci aspettano | le nostre donne, andiam. | Or che letizia rasserena gli animi | senza indugio corriam.

Celeste

CONTADINI: Alle case torniamo | ora di gioia è questa; | della Vergine è la festa | compagni godiamo![3]

---

[2] RUBENS TEDESCHI, *Addio, fiorito asil. Il melodramma italiano da Boito al verismo*, Feltrinelli, Milano 1978, pp. 74–6. LUIGI BALDACCI, *I libretti di Mascagni*, «Nuova Rivista Musicale Italiana», XIX 1985, pp. 395–410, a proposito di *Cavalleria rusticana*, ma anche riferendosi a altre opere mascagnane, come *Silvano, Rantzau, Amica, Pinotta*, parla di: «Gente che lavora ma lavora contenta»; e ancora: «Deteriore espressione di gusto di classe che era ormai fuori dalla cultura» (p. 406).
[3] E in *Maricca* «CORO DI BOSCAIUOLI — *esterno* — Cessiamo i lavori, | Tergiamo i sudori, | DONNE: Che a casa ci aspetta | Frugal desinar. | Ci attendono ansiose le madri e le spose, |

Non solo il coro è chiamato a esprimere questi concetti: in *Mariedda* è il protagonista maschile che canta felice («Come è dolce la vita quando s'ama! | Com'è bello il lavoro, com'è bello!»). Quello che colpisce è il permanere di certi moduli anche in opere molto tarde, come all'inizio di *Luisianna* (1911), in cui il 'vendemmiatore' e il coro inneggiano alla bellezza dell'uva («Grappoli di rubino | coglie il vendemmiator, | e nel capace tino | ammassa il bel tesor»); vale la pena riportare il coro iniziale di *Tormenta*, un progetto che Leoncavallo portò avanti fino all'anno della morte[4] (anche in questo caso il coro è situato a inizio di opera):

LE VOCI DEI MIETITORI: Rosso tramonta il sol, bionda è la spiga, | il canto è dolce dopo la fatica | Sotto il duro travaglio dei falcetti | cade la messe ed ansimano i petti | Ridono gli occhi alle ragazze in volto | Le gole bianche fremono al cantare | e fan belle le vie del focolare.

Naturalmente non mancano approcci diversi, e conviene senz'altro soffermarsi su questi, pur mettendo in chiaro che rappresentano una minoranza nell'ambito del *corpus*. Il libretto in cui istanze autenticamente proletarie si presentano in una veste linguistica di un certo livello è *La martire*, a partire dal coro di apertura, non assimilabile al consueto episodio d'esordio sul tipo di *Cavalleria rusticana*:

LAVORATORI: (brucia il sole meridiano! Lavoro disumano!) | TRISTANO — *ai lavoratori* —: Oh crudel lavoro eterno che dura estate e inverno! | LAVORATORI: a volta il ghiaccio e il fischio pungente del nevischio, | poi questa fiera vampa di fuoco che ne avvampa!...

Suona mezzogiorno, è l'intervallo, e l'episodio dell'arrivo delle donne — che portano il pranzo ai mariti — cerca di uscire da uno scontato bozzettismo:

LAVORATORI: Eccole! Vengono le nostre donne! | Vedile! Corrono, curve le teste | nella fatica di grevi ceste. | Ali che volano sembran le gonne!

È molto interessante l'episodio della requisitoria di Tristano che sfoga con Nina, di cui è invaghito, il suo malumore per una vita di stenti:

TRISTANO — *con mistero* — V'han detto che violenti | sono i Lavoratori del Danubio... | E voi crudele come siete bella, | guardandomi esclamaste allor: - Peccato; | altro non vidi io mai che alterchi d'ebri! | Ebben, oggi... Vedrete!... Il

---

Moviamo, su, in fretta, | Non stiamo a indugiar» (scena dodicesima). Altri esempi di un bozzettismo di maniera in *Al campo* («CONTADINI: Torna al lavor più lieto il contadino | Quando nel ciel ridente l'alba appare, | Per lui non è pensoso il lavorare, | Fatica e canta ed à [sic] giulivo il cor», scena settima). Si veda anche *Dopo la gloria*.

[4] In una lettera del 19 gennaio 1919 al librettista Belvederi: «Il grande sforzo musicale per *Tormenta* voglio farlo dopo la visita in Sardegna. Dopo quella visita con quel che lavoro nel crogiuolo della mia testa ho idea che *Tormenta* verrà fuori d'un pezzo in una settimana o quindici giorni!!» (riportato in DE ANGELIS, *Il capolavoro inespresso di Ruggero Leoncavallo? «Tormenta»: opera di soggetto sardo*).

desiderio | vostro si compie. Ilcaso l'esaudisce!... | — *trattiene Nina che fa ancora l'atto di voler entrare nel Caffè* — Della miseria figli e del lavoro, | affaticati e vinti lottatori, | è vero, siam violenti! Tal la sorte | nostra ne vuole!... Ma anche, a maggior danno, qui sovra il suol bagnato di sudore | uno speculatore questo inferno | ha aperto!... — *picchiando con violenza sul tavolino collo sguardo accennando l'interno del Caffè* — Ah, il nostro inferno è questo! Tutto | qui è tentazione! L'assenzio ne avvelena | la mente... e — peggio ancor — per me, ci siete | voi... sì, il veleno dell'anima mia! | Innamorati pazzi ci perdiamo | per una breve ebbrezza!... E tutto è oblio! | E vita! E casa! E figli!... La passione | come il lavor possente a sé ci annoda | [...].

Tristano prosegue dichiarando la propria passione per la donna che lo sta ascoltando; poi, per mettersi in evidenza nei suoi confronti, scatena una rissa fra i lavoratori del suo gruppo e quelli di un altro. Questi elementi sono piuttosto nuovi (l'opera è del 1894); è persino ipotizzabile che Puccini stesso e il librettista Adami si siano richiamati a *La martire* per quanto riguarda la famosa romanza di Luigi nel *Tabarro*, sebbene nello sfogo di Tristano predomini in fin dei conti la sete amorosa:

Hai ben ragione; meglio non pensare, | piegare il capo ed incurvar la schiena. | Per noi la vita non ha più valore | ed ogni gioia si converte in pena. | I sacchi in groppa e giù la testa a terra. | Se guardi in alto, bada alla frustata. | — *con amarezza* — Il pane lo guadagni con sudore, | e l'ora dell'amore va rubata... | Va rubata fra spasimi e paure | che offuscano l'ebbrezza più divina. | Tutto è conteso, tutto ci è rapito... | La giornata è già buia alla mattina. | Hai ben ragione: meglio non pensare, | piegare il capo ed incurvar la schiena.

Da sottolineare, sempre in *Tabarro*, l'atteggiamento del coro, apparentemente assimilabile ai soliti episodi di maniera, secondo l'equazione lavoro duro – gratificazione futura:

Oh! Issa! oh! | Un giro ancor! | Se lavoriam senza ardore, | si resterà ad ormeggiare, | e Margot | con altri ne andrà. | [...] Un giro ancor! | Ora la stiva è vuotata, | chiusa è la lunga giornata, | e Margot | l'amor ti darà!...

ma la natura di 'canto-nel-canto' dell'intervento corale («— *dalla stiva al molo vanno e vengono gli scaricatori trasportando faticosamente i sacchi, e cantando questa loro canzone:* —») esprime il distacco ironico dei lavoratori, per i quali il canto assume la funzione di sfogo nervoso, mezzo per sopportare la fatica, sottolineato musicalmente dall'implacabile ritmo giambico e dal carattere strofico dei versi e dei periodi melodici. È una sorta di citazione operistica, poiché questa è in fondo la vera natura dell'atto unico pucciniano: una citazione (assolutamente seria però) di un prodotto ormai sorpassato (l'opera 'plebea') ma nel quale compositore e librettista sembrano credere sino in fondo.[5]

---

[5] Da notare anche *Jana*, la cui vicenda parte proprio dallo sciopero dei lavoratori, guidati da Gaddu, che rivendicano condizioni di lavoro più umane. Analoghe proteste e rivendicazioni (ma si veda come la povertà linguistica ridimensioni tutto nell'ambito bozzettistico)

4.2. La 'couleur locale'

Come abbiamo visto in sede di definizione del *corpus*, una caratteristica molto importante di gran parte dei melodrammi in oggetto è il loro aspetto folklorico. Tutte le tecniche adottate dai librettisti, in questo senso, rispondono alla volontà di conferire una certa *couleur* locale alla vicenda in assonanza, possiamo dire, con la parallela ricerca che si realizzava nel settore della demologia, con ricerche condotte spesso 'sul campo'.[6] Uno dei moduli principali adottati per dare al melodramma 'plebeo' una 'tinta' regionalistica fu quello, già trattato in precedenza, del 'canto-nel-canto'. Tuttavia, altri mezzi furono impiegati in questo senso:

1. L'elemento linguistico.
2. Il ricorso a scene di massa in cui il popolo, diciamo così, si sfoga nella sua elementarietà; all'interno di questa tecnica possiamo inserire la presenza di venditori nelle feste e nei mercati, le partite a carte o a morra, le zuffe, le canzonature dei monelli, i brindisi o — meglio — l'elemento bacchico.
3. L'inserimento, a volte minuzioso, di 'usi e costumi' tipici del luogo ove si svolge la vicenda.
4. L'elemento religioso; talvolta comprende la presentazione di cerimonie di ampia portata, anche spettacolare.
5. L'elemento 'mafioso'.

4.2.1. L'elemento linguistico

Parlare del linguaggio nei melodrammi per valutarne la portata folklorica significa anche metterne in evidenza — altrove — l'assoluta neutralità. In sostanza si assiste a questo fenomeno contrastante, già precedentemente rilevato: da una parte melodrammi che a livello linguistico assecondano contenuti nuovi (non solo con l'uso del dialetto, ma con l'abbandono delle solite formule librettistiche); dall'altra, prodotti non caratterizzati, in cui i personaggi plebei si esprimono come eroi da melodramma romantico. Il discorso sul gusto *rétro* è già stato accennato nel precedente capitolo. Vale la pena di sottolineare come, talvolta, i due aspetti contrastanti possano

---

in *Lyna*: «CONTADINI: Signor riposati | nei sonni placidi | gaudente ingrassa! | Non ti commuovere — la turba misera | cantando passa | Canta; e lo stomaco — quantunque languido, | essa non cura | Le schiene piegansi — stà [sic] certo; è prospera la mietitura».

[6] Si cita solo l'opera di Giuseppe Pitrè, preceduta dai lavori di Angelo De Gubernatis (*Storia comparata degli usi nuziali in Italia e presso gli altri popoli indoeuropei*, 1869), Vittorio Imbriani e Domenico Comparetti. Pitrè, cui si deve tra l'altro la monumentale *Biblioteca delle tradizioni popolari siciliane* (1870–1913) fu il primo studioso che fece delle indagini folcloriche il proprio campo d'azione principale. Molto importante fu anche la sua opera di raccolta di oggetti popolari che costituirono la base per la *Mostra etnografica siciliana* del 1891–2 (in singolare coincidenza con la nascita della moda operistica 'plebea').

convivere all'interno di uno stesso melodramma: in *A Basso Porto*,[7] momenti linguisticamente abbastanza audaci — «CICCILLO: E tu che vuoi? | Avessimo a cercar la tua licenza!» (I, 4), e ancora «LUIGINO: Figlio di mala fe... — *Maria gli copre la bocca impedendo che finisca la parola* —» (I, 4), e ancora : «CICCILLO: No. Luigino | Vivrà nel vizio, e morirà di fame. | A Sesella preparo altro destino; Finir dovrà dentro una casa infame. | Poi voglio veder te pezzente, lacera, | Tra una figlia perduta e un galeotto» (I, 8) — convivono con altri di questo genere: «LUIGINO: Disegni rei matura! | Ma vivi pur sicura, | Tanto di stile gli pianto in cor. | Pensa all'offeso onore! | Io del suo folle amore | Vendetta avrò», in cui è notevole l'uso di binomi sostanzialmente romantici («disegni rei [...] offeso onore [...] folle amore») e il sostantivo «stile» al posto di un più prosastico «coltello». In *A Santa Lucia*, melodramma dalla ricca veste linguistica, che prevede anche momenti dialettali, incontriamo lo sfogo di Maria, espresso con moduli linguistici del passato:

Oh! guai per tutti voi maligna gente! | Il giorno di vendetta ormai spuntò. | Sprezzata non m'avete impunemente: | Piangere, com'io piansi, vi vedrò | Vi colpirà ne l'intimo del cor | L'odio che per voi provo – io vivo ancor! [II, 1]

Linguaggio colorito — viceversa — nell'opera *Malia*, in cui Jana così si rivolge alla statua della Madonna in processione:

Giù la buttate! | Ella è la rea! | No, benedetta non la chiamate | codesta ebrea! | Potea salvarmi! Non ha voluto! | Sia maledetta! | Non ha voluto!... Non ha voluto!... | Sia maledetta! — *cade in convulsione* —

I melodrammi più 'neutri' sono, in questo senso, quelli che abbiamo preso a esempio nell'ambito del *rétro* (capitolo 3: per tutti *Tristi nozze*, come si può verificare dagli esempi là riportati). Si citi ancora *Rosedda*, dove «contadini e contadine» commentano il delitto di Matea — «Ah! paventa...: in un'opra di sangue | hai macchiata la mano omicida, | or quel sangue innocente ti grida | che giammai più lavarsi potrà; | certo un dì la tua vittima esangue | vendicata dal cielo sarà!», e, ancora, *Dramma*.[8]

Nel *corpus* la 'media', se così possiamo dire, ci presenta un melodramma dal linguaggio sostanzialmente asciutto, abbastanza colloquiale; ad esempio, *Mala vita*:

VITO: — *scostando i garzoni* — Vi prego... allontanatevi!... | Aria mi occorre adesso... | Son così affranto... soffoco... | addolorato, oppresso | è il povero mio petto... — *lasciando cadere il capo fra le mani* — | Sol di morire aspetto!

---

[7] D'altronde il problema linguistico, in un contesto 'plebeo', dovette essere tenuto nel dovuto conto dal librettista Eugenio Checchi: «La difficoltà era questa: tentare di mettere d'accordo cose inconciliabili: da una parte la volgarità dell'ambiente e delle persone, la naturalezza spesso brutale del linguaggio, e dall'altra parte il rispetto dovuto alle forme poetiche [...]» (prefazione a *A Basso Porto*).

[8] Singolare, in questo melodramma, la battuta di Mario: («Oh! il volgo che di noi pazza dirà | la scelta fatta pe'l nuzial viaggio, | questo che l'Alpe a noi dolce linguaggio | parla, il volgo comprendere non sa...»).

Venendo a luoghi in cui la lingua asseconda veramente una funzione folklorica, assolutamente nuova è — nel contesto del repertorio del tempo e di quello passato — la presenza in alcune opere del dialetto. Brani in dialetto erano presenti, come si sa, nell'opera comica o di mezzo carattere del Settecento,[9] ma proprio la situazione comica in cui erano inseriti (in genere solo alcuni personaggi buffi cantavano in dialetto, mentre quelli socialmente superiori si esprimevano in lingua italiana) non permette di fare paragoni in questo senso. Abbiamo già visto nel capitolo precedente i casi in cui il dialetto compare nell'occorrenza del 'canto-nel-canto', e si è detto come in generale il dialetto tenda ad essere impiegato esclusivamente in dette occorrenze. Tuttavia vi sono anche opere plebee che presentano una veste linguistica caratteristica, o totalmente dialettale (*A «San Francisco»* di Salvatore Di Giacomo, riduzione del dramma omonimo, sempre in lingua napoletana) o, come ne *La collana di Pasqua*, formata da differenti piani: vi si riscontrano espressioni colorite come nella scena di Taddeo che si lamenta dello stato in cui è ridotta la chiesa (atto secondo):

Vengonvi a novellare | le donne stazzonate | e a preparare | intrighi e baronate | e altre ciabatterie! | Qui le vecchie pinchione | fanno uno scialacquio | di devozione | da far sbadigliar Dio!... | [...] | E... con la scusa poi del confessore | le giovani [sic] non ci fanno all'amore?... | Genuflesse o sedute | fintamente | io l'ho vedute | le labbra biascicare | e invece rimirar gioiosamente | un qualche pisellone | tratto alla perdizione | da un guarnelletto | irrequieto o da un colmo corsetto!

Vi è poi la presenza di un linguaggio gergale di tipo tecnico:

PASQUA: — *di nuovo al garzone* — Incappa la testiera e i para-occhi!... | La mattacchiera! | fiocchi! | [...] | La sonagliera!... Aggiusta il babozzale! [atto primo]

e soprattutto frequentissimi sono i tentativi, a volte maldestri, di riprodurre la parlata toscana; ne riportiamo alcuni: «La mi' moglie m'aspetta», «Cencinquanta!», «O Pasqua, 'un ci venite?», «Un' ci vò più», «Bel mi' vino! | O bicchieretto | di moscardello | rosso e chierino, | quanto s'è [sic] bello!», «Che 'un la finite ancora di tubare?», «O che ha fatto costì?», «Siam venute a-c-cantà maggio!».

Un altro espediente stilistico riguarda il clima volutamente confusionario che si crea durante la discussione di lavoro fra i carbonieri e Anacleto, con un uso notevolissimo del periodo spezzato:

ANACLETO: — *riflettendo* — Certo!... Non dico!... Quindi, se accetto... | Ma, poi, rifletto!... | Non dico: no!... — *beve* — | CARBONIERI: — *ad Anacleto* — Voi (dato sì) sta ben; ci fa!... | Per ciò, si sa, | noi siamo qui!... | Però, costringere nes-

---

[9] Ricordiamo, per tutti l'aria di Giampaolo, «Le figliuole che so' de vent'anni», ne *Le astuzie femminili* di Cimarosa (1794), su libretto di Palomba.

sun!... Pensate | ci basta un sì. | [...] | ANACLETO: — *a Taddeo e ai carbonieri sempre indeciso* — Anch'io... si sa, son un che... Poi... | Pensate voi!... | Chi ben fa!... [atto primo]

La collana di Pasqua è forse uno dei tentativi più interessanti di creare un libretto in cui la *medietas* dell'argomento (non si tratta di una vicenda degradata, sul tipo di *Cavalleria rusticana* o di *Pagliacci*) sia supportata da un mezzo linguisticamente adeguato. Vicenda elementare, brutale — invece — quella di *A «San Francisco»* che la veste in dialetto napoletano asseconda molto bene:

DON G.: Tu siente?... E siente... Mme ngannava... | 'A n'anno... — *sottovoce* — E... saie cu chi?... TORE: — *emozionatissimo, con un fil di voce* — Cu chi?... | DON G.: Mo nn''o ssaie cchiù?... | St'amico... nun 'o ssaie? TORE: — *balbettando* — Chi? DON G.: — *rauco, ansimante* — Chi?... — *scoppiando* — Si' tu!...

Molteplici inserti dialettali li troviamo in *Refugium peccatorum*, il cui libretto è corredato da frequentissime note esplicative: «FANCIULLO: Ohe! mare, andemo mare!!... | FELIPA: Cossa vustu raixe? | FANCIULLO: Se m'à roto la togna | No posso più pescare».

4.2.2. *Le scene di massa*

Collegato a un uso linguistico più vario e rispondente alla realtà popolana degli 'argomenti' è la frequente presenza nel *corpus* di scene di massa al limite del caotico sul tipo del secondo atto di *Bohème* (Giacosa, Illica – Puccini, 1896), in cui è presente anche una scenetta di monelli che canzonano un personaggio (Parpignol). Similmente, ma tre anni prima del capolavoro pucciniano, il primo atto di *A Cannaregio* vede il canto di bambini che si burlano di Tanena («cantore girovago sbilenco»):

TANENA: Andate al diavolo, | O mascalzon... — *fa per scacciare la turba impertinente dei monelli* — *essi lo prendono in mezzo e gli roteano d'attorno beffeggiandolo* — | MONELLI: Ve' il zerbin | Birichin! | Ve' il Maghin | Piccinin!... | Ha l'orecchie | Come secchie. | Gambe storte, | Guancie smorte | Mieticuori! | Rubamori! | Ladroncello! | [...].

Medesima situazione la si ritrova in *La sagra di Valaperta*, in cui l'oggetto delle beffe è Sgalisa («campanaro gobbo»):

MONELLI: — *circondandolo e stringendolo in mezzo* — Il campanaro, — il bel zerbin | Piccin... piccin... | Gli ha preso foco — il cuoricin... Meschin! meschin!... | — *circondandolo* — Ladroncello | Insidioso!... | Demoniello | Sospiroso! | [...].

A parte gli episodi dei monelli (ricordiamo anche simile occorrenza in *Paron Giovanni*), in generale i momenti in cui la scena si anima di personaggi e cori sono un mezzo di connotazione folklorica molto vivo. Proprio le due opere da cui sono stati tratti gli ultimi esempi presentano l'interesse maggiore in questo senso: situano tra l'altro il centro drammatico in un fatto tradizionale (la regata in *A Cannaregio*, l'«incanto del Cristo» nella *Sagra di Valaperta*), e questo li lega anche ad altri melodrammi più tardi, i quali pure inscenano eventi caratteristici o feste (*Maià*, *I gioielli della Madonna* e *Il mistero*) e che propongono scene di massa movimentate. Frequente il *topos* dei venditori: i venditori in *A Santa Lucia*, i «merciaioli» nella *Sagra di Valaperta*, i mercanti in *Maià*, *Il mistero* o ne *I gioielli della Madonna*, in cui le 'grida' (uno degli elementi folklorici più studiati) sono perfino in dialetto napoletano:

IL VENDITORE DI OGGETTI SACRI: O' quadro d'a Madonna! | Abbettielle e rusarie beneditte! | IL MACCARONARO e IL PIZZAIOLO: Vierde, vierde 'o treie! | 'A pizza cauda! | LE FIORAIE: Sciure 'e giardino! sciure! | L'ACQUAIOLA: Acqua manc' 'a neve! | IL CIECO: Facite 'a carità | a nomme d' 'a Madonna! | IL GELATIERE: Surbetta fresca! Surbetta fresca! | I FRUTTAIOLI CON TROFEI: 'E frutte d' 'a Madonna.

Ma già in *A Santa Lucia*, uno dei primissimi melodrammi 'plebei', le 'grida' erano in napoletano:

VOCI DI VENDITORI: — Ostreche d' 'o castiello!... l'ostrecaro!... | — Acqua zurfegna! Acqua ferrata! Vongole | — 'E tonnine!... 'O refrisco!... A chi vo' vevere!... | — 'E viene vide 'o fummo! 'o maruzzaro!...

Proprio *A Santa Lucia*, assieme a *Mala vita*, è il primo esempio, nell'ambito 'plebeo', di una popolarità che esce dai consueti schemi dei coretti di maniera propri di molti prodotti romantici. Nei due melodrammi comparvero anche per la prima volta scene di gioco alla morra; a esempio in *A Santa Lucia*: «I GIOCATORI: Sei! Quattro! — Nove! — Tre! — Due! — Cinque! — Otto! — Per me! — Per me! —».[10] Ne *I gioielli della Madonna* la partita è interrotta da una rissa («1° GIOCATORE: Hai truffato! m'hai rubato! | 2° GIOCATORE: Pesa i termini! 1° GIOCATORE: Imbroglione! | [...]»); la rissa, cagionata o meno dal gioco, è un altro mezzo frequentemente adottato per dare vivacità plebea a certe scene: in *A Cannaregio* è interessante anche la veste linguistica molto 'bassa':

ZANTE: Sia: ma lo vedremo | Cara Puinetta... MALGARI: — *scattando* — Ehi! dico... intendereste | Voi, Farsòra... ZANTE: Cos'è questa Farsòra!... | Bel muso da lucertola... | CATE: — *frapponendosi* — a Malgari — Modello | Per le pipe Chiggiotte... MALGARI: A me?... Calèra!... | CATE: Maràntega!... ti levo la parrucca... | ZANTE: Il catarro t'affoga... Vuota il gozzo... | MALGARI: Ti rompo il muso... | ZANTE: A me?... Santa Madonna! [...].

Aggiungiamo ancora, come tecnica per dare colore popolare alle scene, l'uso del brindisi di cui, per quel che concerne il 'canto-nel-canto', si

---

[10] La stessa situazione, a volte con il gioco delle carte al posto della morra, in *Sull'Alpi*, *A Basso Porto*, *Mariedda*, *Nozze!...*, *A «San Francisco»*, *Nunziella*, *Campane a gloria*.

è già accennato in precedenza (III, 2). Talvolta, come detto, l'inno al vino
non è inseribile nell'ambito del 'canto-nel-canto', come ad esempio l'ini-
zio di *A Santa Lucia*, in cui le frasi de «I bevitori» («— Porta Gragnano! |
Portane ancora! | [...] | Bicchiere in mano, | Core contento | [...]») sono
parte di una scena costruita pittorescamente a piccoli blocchi: i venditori
con le loro 'grida', i giocatori di morra, la folla, un gruppo di popolane
che cantano in dialetto («La luna mmiez' 'o mare! | Mamma mia, marita-
me tu! [...]»). Appunto alla frantumazione dell'unitarietà della prima scena dell'opera, tradizionalmente corale, un melodramma come *A Santa
Lucia* portò un contributo notevole, ricco anche di riflessi sull'operismo
non 'plebeo'.[11]

4.2.3. *Gli usi e i costumi tradizionali*

Nel *corpus*, il primo esempio di un gesto convenzionale inserito in una
vicenda è il morso di sfida fra Turiddu e Alfio in *Cavalleria rusticana* («—
*Alfio e Turiddu si abbracciano. — Turiddu morde l'orecchio destro di Al-
fio —* ALFIO: Compare Turiddu, avete morso a buono... [...]»). In seguito,
diversi libretti presenteranno momenti caratteristici di culture subalterne.
Già i melodrammi tratti da *O' voto* di Di Giacomo (*Mala vita*, *Il voto*, *Nennella*, *Rosella* di Blengini) mettono al centro della vicenda la superstizione del voto. La superstizione è anche centrale in *Maruzza*: troviamo le
formule di Gna 'Nzula («Teh, Per la santa croce! — *mette i due indici a
croce, e li bacia rabbiosamente, rivolta allo Zù Rosario* —») e di Giorgio
(«Acqua e sale! Scongiuro! Mai non sia!»)[12] e la malia commissionata da
Maruzza contro Giorgio. Il melodramma prevede, nella realizzazione scenica, abiti e oggetti tradizionali, come puntualizzano varie didascalie e
note; ad esempio, i versi di Maruzza che si sta vestendo nell'attesa di ri-
cevere la visita di Giorgio («Ora adorniam la testa | come i giorni di festa.
| [...] Gli orecchini fulgenti | i bei pendenti | [...]») sono così annotati: «—
*Le ricche massare e le contadine agiate hanno come lusso estremo dei
lunghissimi pendenti d'oro, i quali si attaccano agli orecchini propriamente detti* —».[13] Accenni ad abbigliamenti tipici compaiono, talvolta, in
altri melodrammi (*Maià*, *La spergiura*). In *Treccie nere* un detto popolare
è alla base della vicenda: «VILMA: Dopo?... Flavia sola così sfregiata |
dall'uom ch'essa adorava, tradita, abbandonata, | ella ha pianto, pregato,
poi... sposò l'aggressore; | che donna senza treccie è donna senz'onore!»

---

[11] Si riporta anche un esempio da *Maricca* («CORO DI CONTADINI — *divisi a gruppi* —: Trin-
ca, trinca, a garganella, | L'acqua è un nettare genuin | Non dà certo in ciampanella! | Picche
— *Uno dei perdenti paga* — | Almeno fosse vin! | Ehi, coppier! | Quà [sic] da ber | [...]»).

[12] Una nota del libretto riporta: «È questa la formula letterale, con la quale si vuole scon-
giurare una malefica influenza, soprattutto quando si tratta di malia».

[13] Va notato come il libretto e lo spartito dell'opera presentino una lunghissima prefazione del Floridia che si sofferma sul suo tentativo di fare un opera fortemente sostanziata di
folklore.

La vicenda di *Nozze istriane* presenta l'usanza dello scambio dei pegni fra Marussa e Lorenzo, solennizzata da un reciproco giuramento di fedeltà:

MARUSSA: [...] Con questo dono la mia vita dono | te, Lorenzo!... E giuro | [...] | E invoco Iddio... [...] | ...San Biagio, e la Madonna e tutti gli Angioli... | ... E i due santi che posano all'altare! — | LORENZO: Sì, benedetta sia quella tua bocca | e contraccambio il dono e il giuramento! — *si leva l'orecchino che i dignanesi portano ad un solo orecchio e lo dà a Marussa e ne riceve il cuoricino* — | MARUSSA: Nè mai sia ritornato questo dono!

Infine ricordiamo l'usanza della «bardana» (nell'opera omonima), ossia del furto di bestiame effettuato per spregio:

MICHELE SARGIUS: Uscivate? | LAZZARO BIDDU: Coi bovi e il gregge. Vado | a Bari Sardo, pe 'l mercato. MICHELE — *con voce ferma* —: State | qua, compare! LAZZARO: Vi ascolto. Ebbene?... MICHELE: C'è | bardana contro voi! LAZZARO — *con un balzo* — Che avete detto?! | MICHELE: Bardana c'è. Stanotte. Quei di Nuoro | e Orsini. Hanno cavalli, hanno fucili. | Stamane, ad Ulassai, tolser le mandrie | d'Antonicu Dasserra. | Or san di voi che starete lontano | e preparan le corde, a catturarvi | l'armento, innanzi l'alba.

4.2.4. *La religiosità*

Il sentimento o — meglio — la tinta religiosa presente in grandissima parte dei melodrammi 'plebei' si può *grosso modo* valutare su due piani abbastanza distinti. Da una parte abbiamo le preghiere solistiche rivolte per lo più alla Madonna, momenti topici, quasi sempre scissi da un sostrato autenticamente religioso. Dall'altra, melodrammi in cui l'elemento religioso è più intimamente vissuto fino a risultare, talvolta, il fulcro della vicenda. Si tratta, nel primo caso, dell'ampliamento di moduli stilistici tradizionali, come accade anche a proposito del 'canto-nel-canto' osservato precedentemente: il *topos* viene ripetuto, privo però di una vera giustificazione drammaturgica, l'ingrediente è sentito, magari inconsciamente, come necessario ad una ricetta, ma di questo ingrediente va dispersa la specifica funzione che può assumere all'interno di una pittura di ambiente e di sentimenti popolari. Numerosissimi i momenti del genere, ad esempio in *Labilia* e *Nozze!*...; in entrambi i melodrammi si presenta la medesima situazione di un matrimonio che si sta approntando, fra una bella fanciulla e un uomo ricco: improvvisamente, l'arrivo inaspettato dell'antico amante della fanciulla provoca la catastrofe finale. Parallelamente abbiamo una scena in cui le due donne ripensano al loro passato e chiedono al Cielo la forza per superare ogni rimorso o incertezza:

LUCIA: — *inginocchiandosi davanti all'immagine della Madonna* — O voi, vergine santa e benedetta, | io vi prego in ginocchio a mani giunte... | Date al mio cor la fede e la speranza | Se la vostra pietà merto, o Signore..., | Ah! ch'io possa trovar conforto estremo, | la pace, in questo nuovo amor di Vico... [*Nozze!*..., atto primo]

[...] Abbi pietà, Signor, del mio dolore, | Se del mio amor non l'hai! | Se il giuro mio scordava | Perdoni il ciel clemente: | Quegli che un giorno amava | Morì lontan da me. [...] [*Labilia*, quadro secondo, scena prima]

Esempi simili, di preghiere la cui presenza risulta in ultima analisi avulsa da un autentico sentimento religioso del contesto, si possono riscontrare in molti melodrammi; un grado di astrazione maggiore, se così possiamo dire, lo rileviamo ad esempio in *La bella d'Alghero*, in cui la preghiera di Eulalia è quasi priva di riferimenti concreti alla vicenda:

EULALIA: — *Piangendo* — Signor che atterri e susciti | Pietà di me, che sento | In sì fatal momento | Fitte d'acuto stral. | Pietà di me, che misera | Strappata a un amor santo | Dovrò la vita in pianto | Per sempre, o Dio, menar.[14]

La religiosità popolare è uno degli elementi fondamentali di *Cavalleria rusticana* di Mascagni. In questa opera non vi sono preghiere solistiche vere e proprie, e tuttavia sono riscontrabili elementi ricchi di un significato che non è solo esteriore: nel colloquio fra Santuzza e mamma Lucia (scena seconda) l'aspetto religioso è subito fuso all'interno del dramma personale («SANTUZZA: Mamma Lucia, vi supplico piangendo, | fate come il Signore a Maddalena, | ditemi per pietà dov'è Turiddu...») e anche in seguito Santuzza si isola, nel suo dramma privato, dalla festosità del giorno di Pasqua, in cui si svolge la vicenda («Non posso entrare in casa vostra... | Sono scomunicata!»). Non mancano i momenti corali, come nella terza scena in cui all'*Alleluja* in latino, interno alla Chiesa, si aggiunge l'inno al Signore cantato da un coro esterno, da Santuzza e da Lucia. La compresenza fra vicenda privata e sentimento religioso prosegue: dopo il racconto di Santuzza («Voi lo sapete, o mamma»), il dolore di Lucia («Miseri noi, che cosa vieni a dirmi | in questo santo giorno?») precede l'ennesimo sfogo di Santuzza:

SANTUZZA: Io son dannata. | Andate o mamma, ad implorare Iddio, | e pregate per me. — Verrà Turiddu, | vo' supplicarlo un'altra volta ancora! | LUCIA: — *avvicinandosi alla Chiesa* — Aiutatela voi, Santa Maria!

Insomma la religiosità, piuttosto che fatto folklorico caratterizzante una cultura subalterna, dunque elemento oleografico agli occhi di una cultura egemone, si presenta come autentica esigenza del singolo personaggio drammatico.

Postulata la grande influenza dell'*auctoritas-Cavalleria rusticana* sui successivi melodrammi 'plebei', non meraviglia che l'aspetto religioso dell'opera in oggetto abbia spinto molti librettisti a insistervi, anche se, complessivamente, l'esteriorità può talvolta predominare. A parte gli esempi di isolato rapporto del personaggio con la divinità (le preghiere a cui si è accennato precedentemente) abbiamo melodrammi in cui la religiosità viene delegata in misura maggiore all'aspetto corale, appunto come nel finale

---

[14] Si vedano, ancora, *Malia*, *Fior di Sardegna*, *La vampa*.

della terza scena di *Cavalleria* di Mascagni: così, ad esempio, in *Paron Giovanni* («Lauda Sion Salvatorem | lauda ducem et pastorem [...]»); in *Sull'Alpi* un coro interno apre il melodramma («Padre nostro che stai nei sommi cieli»); mentre in *Luisianna* il canto dell'«Ave Maria» chiude il primo atto. Decisamente più sentite, in *Nozze istriane* (I, 1) le preghiere del popolo terrorizzato da un possibile nubifragio che metterebbe in pericolo il raccolto: qui la preghiera corale non si enuclea in un singolo momento, ma è diluita in frasi spezzate, miste ad osservazioni metereologiche:

> DONNE: Maria e Giacobbe ed Agata e Lucia | Agnese e tu, Beata Caterina | UOMINI: Le lampade si spengono!... Che vento! | DONNE: ...Sant'Anna, tu, la madre di Maria | e nonna della Maestà divina!... | UOMINI: Lampeggi e tuoni ma lontan la grandine! | DONNE: ...Chiara, Polonia, Rosa, Anastasia, | Barbara, Dorotea, Flavia, Cristina... | UOMINI: Par si rischiari il ciel! [...].

In altri titoli il sentimento religioso pervade in modo più intimo le vicende: *La sagra di Valaperta* è basata sulla cerimonia dell'«incanto del Cristo»; come indica la prefazione:

> La cerimonia dell'incanto del Cristo [...] è una cerimonia che ricorre annualmente nella Riviera Ligure, negli Abruzzi, nelle Puglie e nella Calabria. «L'incanto consiste nell'offrire un prezzo in denaro o in derrate per avere il diritto di portare nelle processioni la statua del santo, lo stendardo o la croce; diritto che appartiene a chi offre di più, ma che talvolta è ereditario in una famiglia».

È interessante sottolineare una certa analogia con *L'eroe*, una novella di Gabriele D'Annunzio apparsa per la prima volta nel volume *San Pantaleone* (1886) e in seguito inserita ne *Le novelle della Pescara* (1902): in questo brevissimo racconto si narra di una processione per la festa del patrono; «[...] otto uomini, i privilegiati, aspettavano il momento di sollevare la statua di San Gonselvo [...]. Essi stavano in silenzio, compresi nella dignità del loro ufficio [...] avevano l'occhio ardente dei fanatici»; a un tratto, nel tentativo maldestro di sollevare l'imponente statua, uno degli uomini si schiaccia la mano sotto il peso e la gente lo invita allora a desistere cedendo il posto:

> Egli non parlava; guardava un gruppo d'uomini che gesticolavano in torno alla statua e contendevano.
> — Tocca a me!
> — No, no! Tocca a me!
> — No! A me! Cicco Ponno, Mattia Scafarola e Tommaso di Clisci gareggiavano per sostituire nell'ottavo posto di portatore l'Ummàlido.

Alla fine l'uomo cede e viene sostituito; ripresosi, si reca in chiesa e, di fronte all'altare, fra l'orrore della folla, si recide con un coltello la mano devastata: «L'Ummàlido allora sollevò il moncherino sanguinoso; e ripeté con voce chiara: — Sante Gunzelve, a te le offre».
Al di là delle differenze della vicenda, comune è l'argomento di base, la rappresentazione di un'usanza come la processione di un simulacro. Per i

popolani di D'Annunzio, come per quelli de *La sagra di Valaperta*, portare sulle proprie spalle il fardello è motivo di vanto, sebbene nella novella non vi sia la gara vera e propria che si svolge nell'opera. In D'Annunzio viene sottolineato maggiormente l'aspetto parossistico della fede, che è espresso anche in brevi descrizioni («Nella chiesa la moltitudine agglomerata cantava quasi in coro, al coro degli stromenti [...]. Un calore intenso emanava dai corpi umani e dai ceri accesi. La testa argentea di San Gonselvo scintillava dall'alto come un faro»). Questo aspetto 'malato', tipicamente dannunziano, manca nella *Sagra* e, pertanto, nella vicenda librettistica è demandata alla religiosità la funzione di elemento di colore, folklorico, destinato a completarsi nella realizzazione scenica che prevede un «corteo processionante», minuziosamente descritto dalla didascalia.[15]

Sincero slancio religioso, tale da differenziare completamente il brano dalle solite formule delle preghiere di maniera, è presente nell'episodio del voto di Vito in *Mala vita / Il voto*:

> VITO: — *si leva commosso e cade inginocchiato.* — *Le donne lo imitano; gli uomini si sberrettano tutti* — O Gesù mio d'amor, che sulla croce | t'immolasti a salvare il peccatore, | di quest'anima mia sii redentore, | abbi di me pietà, del mio soffrir, | fammi guarir, | mitiga tu dei mali miei l'orror! | Tu che vedi il martirio del mio cor, | tu che sai che speranza ho solo in te, | non mi lasciare, abbi pietà di me!... | Ed io voto ti fo' | che una donna perduta sposerò, | strappandola al peccato!

Librettisticamente, per trovare momenti di autenticità religiosa del genere bisogna andare a titoli 'plebei' molto tardi, e quindi nati in climi diversi da quelli del verismo. Forse il melodramma più autenticamente religioso è, in questo senso, *Il mistero*, che culmina nella confessione pubblica di Nela, nelle vesti della Madonna: la confessione di indegnità morale trae in inganno la folla che crede di assistere alla rappresentazione sacra (singolare assonanza con la situazione finale di *Pagliacci*):

> NELA: Pia a me? Santa?... Bugiarda e impura! | LA FOLLA: — Nela! | — La Vergine! — Bello! | NELA: Buona fra tutte?... Sono dannata! | LA FOLLA: — Dice? Zitti! — Parla in parabola. | NELA: Al malo-albero ho colto il frutto! | LA FOLLA: — Farnetica! | — È ispirata!

Appendice
I gioielli della Madonna

«[...] e s'iddu moru e vaju mparadisu | si nun ce truovo a ttia, mancu ce trasu». La carica blasfema degli ultimi versi della 'siciliana' di Turiddu in *Cavalleria rusticana* mi sembra notevole e forse mai abbastanza sottolineata, in un melodramma di cui si è teso per molto tempo metterne in evidenza l'aspetto reazionario, soprattutto riguardo alla rappresentazione del volgo in

---

[15] Da notare anche la processione per la festa di San Giorgio in *Maruzza*.

senso idilliaco («A casa, a casa, amici ove ci aspettano | le nostre donne, andiam. | Or che letizia rasserena gli animi | [...]»). Bisogna attendere un libretto di Zangarini e Golisciani (*I gioielli della Madonna*) perché l'elemento religioso venga utilizzato in una prospettiva diversa da quella di tradizione, grazie alla presenza contemporanea e simbiotica dell'elemento sensuale. Il melodramma si svolge nel giorno della Madonna e questo dà subito l'occasione per un quadro di pittura ambientale:[16] l'apparizione dei bambini vestiti da «Sangiovanni» e da frati domenicani che si mescolano al tumulto della festa, ai venditori e al popolo, il quale canta un inno alla Vergine. La preghiera di Gennaro ricorda un po', come clima espressivo, il voto di Vito in *Mala vita / Il voto*: ma mentre il fervore religioso di Vito si spegne miseramente di fronte ad Amalia e alle sue arti d'amore, la fede sincera di Gennaro è destinata a nutrirsi, persino, del fascino sfrontato e blasfemo di Maliella («MALIELLA — *a Biaso, accennandogli Gennaro* —: Vedi? S'è fatto smorto! | Non lo capisco più: mi guarda assorto, | come stanno a guardare | i santi dall'altare...»). Durante lo svolgimento della processione, le profferte amorose del camorrista Rafaele si mescolano ancora, con tono irrispettoso, alle preghiere del popolo («In nuvola bianca d'incenso | discende la Vergine giù! | tu sei la Madonna ch'io penso, | dei cieli d'amore regina sei tu!») e l'uomo, per provare il suo coraggio, giunge a offrire a Maliella i gioielli che ornano la statua della Madonna. Il secondo atto è quello in cui si compie il sacrilegio del furto: Maliella respinge l'amore di Gennaro e lo provoca rinfacciandogli il coraggio di Rafaele:

> MALIELLA: [...] Volea dei suoi rari gioielli | la Vergine bella spogliar... | Ornarmene il collo e i capelli... | e, in estasi me, qual santa adorar! | GENNARO: Taci, è bestemmia! | MALIELLA: — *fissandolo ridente, con ostinazione lenta e crudele* — Sì! Ma lui me li offrì!

Gennaro parte e, al ritorno, porta con sé il frutto del suo peccato; la donna, dapprima impaurita per il gesto sacrilego del fratellastro, è conquistata dallo splendore dei gioielli e, pensando a Rafaele, in una sorta di autoeccitazione sensuale-mistica sottolineata in modo molto crudo dalle didascalie del libretto:

> *Nel rombo interno della passione Maliella non ode più Gennaro: è tutta presa dalla visione di Rafaele: Gennaro assiste, inconscia vittima, alla trasformazione sensuale della sua mistica follia. Un terribile bisogno di dedizione si impossessa delle povere carni della fanciulla. Le sue mani si contorcono nello spasimo; con moti nervosi denudano, più e più, le spalle, il seno. Lentamente retrocede, con tenui, languide movenze, nel ricordo di un ritornello, fino ai piedi dell'arancio.*

si identifica praticamente con l'immagine della Vergine della processione del primo atto («MALIELLA: E passa la Madonna in bianca vesta, | incoro-

---

[16] «È la gran festa della Madonna, in un pomeriggio lucente; e la piazzetta brulica di gente chiassosa, che ne gode e la celebra con quel misto di carnevalesco e di superstizioso che è caratteristico nel meridionale d'Italia» (dalla didascalia ad apertura di sipario).

nata come una regina; | la folla reverente le si inchina | e gli angeli del
ciel cantano a festa») e, al colmo dell'eccitazione sensuale, si dà a Gennaro. Non ci soffermiamo sull'ultimo atto; basti rilevare, e gli esempi portati sono sufficienti, come nel libretto de *I gioielli della Madonna* la reli-
gione si mescoli all'elemento sensuale in un parossismo in cui la fede
cieca si identifica con la cieca sensualità dei protagonisti.

4.2.5. *L'elemento 'mafioso'*

Proprio *I gioielli della Madonna* vedono la presenza, con Rafaele, di un
vero e proprio capo camorrista. L'ambiente della 'mala' è appunto un
tratto distintivo di questo e di altri melodrammi del *corpus*; ci soffermeremo intanto su *Un mafioso*, in cui il modo di affrontare un tema nuovo come quello in oggetto sortisce risultati piuttosto interessanti. *I mafiusi* di
Gaspare Mosca e Giuseppe Rizzotto, rappresentato per la prima volta nel
1863 è il testo teatrale in prosa che segnò inequivocabilmente la nascita
del teatro verista siciliano. Fu un'opera che espresse una netta innovazione nel repertorio tradizionale, e critiche veementi se, all'indomani del forte successo popolare, Rizzotto dovette aggiungere un prologo e un epilo-
go (il primo e il quarto atto della versione in lingua italiana pubblicata a
Roma dall'editore Perino nel 1885) per ricondurre a parabola morale l'in-
tera vicenda; il tutto in cambio del permesso da parte delle autorità di
continuare le recite.
Rizzotto e Mosca facevano parte di compagnie girovaghe e, a prescindere dalla veridicità dell'una o dell'altra versione riguardo la genesi della
commedia, il lavoro nasce dalla vita itinerante dell'attore, dalla sua esperienza a contatto con la vita vissuta. È, insomma, un'opera realmente
'verista', che porta sulla scena modelli di comportamento, gerghi di una
realtà fino ad allora totalmente ignorata dagli autori drammatici. Non stu-
pisce ritrovare dunque questa commedia alla base di una delle opere
'plebee' prese in esame: *Un mafioso*. Gli atti centrali della commedia,
quelli che si svolgono alla Vicaria — il carcere di Palermo — sono, in de-
finitiva, privi di un vero e proprio intreccio: sono una successione di quadri molto vivi, che mettono in risalto la forza e la personalità del protagonista; il tutto con un linguaggio tecnico, ricco di termini gergali (tutto
questo, è ovvio, va in parte perduto nella versione in lingua italiana). Un
po' poco per costruirci sopra un melodramma, genere di spettacolo che
per tradizione esigeva una 'storia'. L'aggiunta di Rizzotto avrebbe potuto,
peraltro, dare spazio a una trama abbastanza operistica: la storia della vita di un uomo che si redime, abiurando il crimine e le leggi di una società
che si fonda sulla sopraffazione. Il librettista chiude, invece, l'opera con
l'uccisione di Don Nunzio (sebbene effettuata in altro modo rispetto alla
commedia) e il taglio del quarto atto significa anche la perdita di un'occasione per fare della critica sociale, seppur rivolta al passato dominio
borbonico:

GIOACHINO: Senta, Don Leonardo, bisogna essere giusti. Non già per iscrivermi io [sott.: alla «società operaia del mutuo soccorso»]; ma di tanti mali convenga meco n'ebbe colpa il cessato governo trascurando l'educazione del popolo e lasciandolo nell'ignoranza, per cui la gioventù con facilità si abbandonava al vizio. Oggi è tutt'altro per esempio, la istituzione delle società operarie, l'industria, la istruzione obbligatoria han fatto sì, che ogni cittadino, chi più chi meno apprende i buoni costumi, il saper vivere, i doveri e i propri diritti, e così si vedrà man mano migliorare la condizione del nostro povero popolo. [IV, 4]

Scartato il quarto atto della commedia, il librettista inserisce la vicenda dell'amore di Don Nunzio per Nivea, creando così una situazione melodrammatica di stampo classico; schematizzando:

[A] (Gioachino) ama [B] (Nivea), insidiata da [C] (Nunzio) che, per contrastare il rapporto A–B fa imprigionare [A]; quest'ultimo si vendica uccidendo [C].

All'interno, l'ingiustificato sospetto, da parte di Gioachino, che la donna gli sia infedele.

Da notare come il bieco Don Nunzio, nel dramma un carcerato anch'egli, spia della polizia, venga nel melodramma elevato di rango a direttore delle carceri, elevato socialmente appunto in modo da poter ricomporre la triade romantica degli amanti ostacolati dal cattivo che si avvale della sua potenza per conquistare la donna (si veda il paragrafo relativo 2.2.2. L'abiezione morale punita). Ingredienti antichi per un melodramma antico: gli autori della commedia creano un organismo teatrale che presenta al pubblico il fenomeno della mafia, e un personaggio, Gioachino, che sebbene subisca un processo di idealizzazione è fondamentalmente nuovo rispetto agli eroi romantici; Bonaspetti, viceversa, sembra incapace di far uscire il suo personaggio dal canone classico del tenore 'positivo'. Così Gioachino descrive l'amico appena impiccato dalla polizia:

GIOACHINO: — come rapito al ricordo dell'amico giustiziato — Un sogno ardente, nobile, I Il suo bel cor nutria: I Ceppi e catene infrangere I All'isola natia; I Sognava il sol dei liberi, I La libertà dei forti, I L'orgoglio di una patria I Fiera de le sue sorti; I Vaticinava al popolo I Giorni di patria e amor, I Il dritto sempre vindice, I Sempre sacro l'onor. — rivolgendosi ai compagni — Per questo egli in segreto carteggiava I Coi fratelli di Napoli. [...] [I, 1]

e fa di Gioachino una specie di carbonaro, forte e coraggioso, di cui una tenera fanciulla non può non invaghirsi:

NIVEA: [...] I Ergea la fronte ardita, ed io l'amai. I E l'amo ognor pel fiero suo sembiante, I Pel guardo ammaliator; I L'amo perché ne l'anima costante I Ha un culto per l'onor; I L'amo perché alle vittime I Aita porge, ed odia gli oppressor; I Perché mi sembra un angelo, I Messaggiero d'un dio vendicator [II, 7].

A questo eroe romantico, bello e tenebroso, si può al massimo rimproverare la frequentazione di cattive compagnie: «Deh! abbandona I Tali

amici, Gioachino...» (I, 3); e ancora: «M'aiuta, o ciel, perché rapirlo io possa I Alla turpe congrega. Fa che amore I Domi quell'alma ardita» (I, 4).

Nivea nulla ha davvero a che spartire con la rissosa Carmela, moglie
di Gioachino nella commedia: la popolana cede il posto alla fanciulla angelicata di ascendenza belliniana.

Va pure messa in rilievo la diversa valenza del coro melodrammatico
rispetto ai personaggi di contorno della commedia. Il primo, nelle scene
del carcere è davvero una 'turpe congrega', e il finale dell'opera è indicativo, in particolar modo la didascalia:

> — S'ode un grido acutissimo; il terrore superstizioso della morte s'impadronisce
> per un istante dei loro animi ed esclamano sbigottiti — È morto, è morto! —
> ma il fantasma della morte è già svanito dalle loro menti, e nel cinismo ribut-
> tante che li domina, cantano allegramente — Beviam, beviam! — Mentre i de-
> tenuti, come se nulla fosse accaduto, si ripassano l'un l'altro il vino e continua-
> no il loro baccanale [...] — [II, ult.]

Nella commedia vengono ritratti invece i soli carcerati 'onorati', i camorristi, e non i delinquenti qualsiasi.

L'elemento mafioso, tratteggiato con una certa naturalezza di tratti, al
contrario di come si è notato a proposito dell'opera di Bonaspetti e Mineo, compare in *A Basso Porto*, in cui si tenta una trasposizione di codici
di comportamento della mafia, o meglio della camorra: in questo senso
sono da leggere il rispetto verso il capo e verso norme precise di comportamento. Nella scena che segue, Ciccillo ha schiaffeggiato Luigino,
apparentemente senza motivo:

CICCILLO: — *freddamente* — E cosa c'è? Tu vuoi I Far le mancanze e non portar
la pena? I LUIGINO: Voi mi darete conto!... I PASCALE: In faccia a un capo? I Non
tocca a te: va' fuori e aspetta là. — *Luigino è spinto fuori dai compagni* — I
CICCILLO: — *dopo una pausa* — E a chi tocca, se è lecito? I Io di saperlo ho
gran curiosità. — *con le braccia incrociate si colloca a destra. Pascale è a sinistra circondato dai camorristi* — I PASCALE: Compar Ciccillo, se non vi spiace I
Io qui comando dopo di voi. [...]

Il secondo atto dell'opera presenta un tribunale di camorristi, in cui un
linguaggio anche gergale («PASCALE e CORO: — *concitati a Luigino* — Tu
dei fare il contaiuolo!»)[17] caratterizza la ritualità del momento solenne:

> — Pascale, lento e grave, si mette al centro della tavola: i camorristi sono a de-
> stra e a sinistra di lui — PASCALE: — *siede, e con un largo gesto dice ai compa-
> gni* — Sedete! — i camorristi, toccandosi la visiera del berretto con l'indice e il
> pollice, seggono — beve un bicchiere di vino, e fa segno agli altri d'imitarlo —
> Bevete! — tutti fanno passare rapidamente i bicchieri, bevono insieme, poi in-
> sieme gettano via il fondo a man rovescia — Il tribunale ora deciderà. I Luigino
> si scolpi, o traditor sarà.

---

[17] «Contaiuolo, nel linguaggio dei camorristi, significa racconto e denunzia» (nota al libretto).

5. CATALOGO DEI LIBRETTI

5.1. *Struttura e convenzioni espositive*

La prima parte di questo catalogo presenta le schede dei melodrammi oggetto di studio ordinati secondo il criterio cronologico di rappresentazione. Ogni scheda prevede:

1. i dati essenziali (titolo, nome e cognome del librettista o dei librettisti, nome e cognome del compositore, data della prima rappresentazione);
2. il frontespizio del libretto;
3. l'elenco dei personaggi;
4. la trama della vicenda.

In relazione al punto 2, si è riportato fedelmente quanto presente sui libretti, con le seguenti convenzioni:

a) abolizione di differenze di corpo tipografico; si è mantenuta solo la distinzione fra parti in maiuscolo e parti in minuscolo;
b) inserimento di una barra (I) indicante 'a capo' nell'originale;
c) si sono omessi esclusivamente: accenni a rappresentazioni successive alla prima assoluta (come nel caso di *Mariedda* di cui si è reperito un libretto approntato per una rappresentazione napoletana successiva alla prima); indicazioni di *copyright*, eccetera.

Per quanto riguarda il punto 3, si è riportato il nome del personaggio (sempre in maiuscoletto), la sua esatta descrizione (ove presente) e, sempre ove indicato, il ruolo vocale con le seguenti abbreviazioni (oltre quelle standard):

Brill   brillante
F   fanciulla
R   ragazzo
dr   drammatico
l   leggero
Comp   comprimario
ass   assoluto

Accanto ai personaggi si sono riportati, se presenti nel libretto, i nomi degli interpreti. Per quanto riguarda le indicazioni successive (cori, comparse, indicazioni temporali e geografiche), queste sono state riportate fedelmente.

La trama dell'opera è stata tracciata senza specificarne, qualora presente, la divisione in scene.

Eventuali miei interventi sono racchiusi fra parentesi quadre.

Gli indici analitici seguenti ordinano alfabeticamente i melodrammi secondo differenti criteri:

1. titolo (articoli determinativi e indeterminativi sono stati posposti);
2. librettista;
3. musicista;
4. luogo della prima rappresentazione.

5.2. *Reperimento dei titoli*

Si rimanda ai capitoli precedenti per quanto riguarda i criteri che hanno guidato la scelta dei titoli e la loro pertinenza o meno; resta qui da aggiungere qualcosa su come si sia svolta l'indagine che ha portato a reperire gli ottantaquattro libretti.

Va puntualizzato che il presente catalogo non pretende di essere completo; in primo luogo perché i principali repertori librettistici (Manferrari, Caselli, Stieger) non sono a loro volta completi e spesso presentano inesattezze; poi perché sarebbe stato impossibile verificare ogni titolo presente nel periodo 1890–1920 che è servito da base di partenza del lavoro, periodo estremamente ricco di produzioni operistiche, anche di livello minore. Nondimeno ritengo che il campione possa dirsi sufficientemente rappresentativo della moda 'plebea', anche in considerazione del fatto che le idee-cardine che informano il presente lavoro si sono sostanzialmente delineate già in presenza dei primi cinquanta titoli e non hanno fatto poi che essere confermate dalla lettura di nuovi libretti.

Si è tentato ugualmente di svolgere un'indagine a tappeto, iniziando con i titoli citati nell'articolo di Celletti;[1] si è poi effettuato lo spoglio di tutti i libretti della Biblioteca del Liceo Musicale di Bologna (ora Civico Museo Bibliografico Musicale) e della Biblioteca Marucelliana di Firenze, naturalmente limitandosi ai titoli editi o rappresentati *grosso modo* dal 1890 al 1920, operazione, questa, facilitata dalla presenza di cataloghi interni.[2]

---

[1] RODOLFO CELLETTI, *Il melodramma delle aree depresse. Miseria e nobiltà del meridione nelle opere dei veristi minori*, «Discoteca», 21 e 22, 15 giugno e 15 luglio 1962, pp. 18–24 e 20–5. Fra i titoli di Celletti, nessun libretto si è trovato di *Dramma eterno*, parole e musica di Francesco De Matteo, rappresentato per la prima volta a Catanzaro il 23 gennaio 1897.

[2] Si veda, per Bologna, UGO SESINI, *Catalogo della Biblioteca del Liceo Musicale di Bologna*, vol. V *Libretti d'opera in musica*, 2 tomi, Coop. Tip. Azzoguidi, Bologna 1943. Per la Marucelliana esiste un catalogo manoscritto formato da volumi in ordine alfabetico di titolo (Fondo Buonamici).

Più difficoltoso il lavoro svolto alla Biblioteca Nazionale Centrale di Firenze: in questo caso, non esistendo un catalogo specifico che riguardi i libretti per musica (davvero un peccato, trattandosi di uno dei fondi probabilmente più vasti nel settore), si è dovuto necessariamente andare un po' per tentativi. Mi sono avvalso della contemporanea ricerca che stava conducendo Letizia Putignano sul teatro musicale e il neogotico[3] e ho potuto quindi sfogliare tutto il materiale da lei pazientemente ricercato e richiesto per verificarne la pertinenza o meno nell'ambito del suo lavoro, escludendo i melodrammi degli anni Settanta e Ottanta, che non mi interessavano direttamente. Sono riuscito, pertanto, a reperire diversi titoli non citati da Celletti (la cui indagine, va detto, non pretendeva comunque di presentare un quadro completo). Purtroppo, malgrado alla Biblioteca Nazionale Centrale spettino per diritto tutte le pubblicazioni (almeno dal 1886 in poi), si deve constatare la mancanza di numeroso materiale, in parte a causa dell'alluvione del 1966. Alcuni testi non reperiti alla Nazionale di Firenze (ma sicuramente pertinenti, come si evinceva dall'articolo di Celletti) sono stati consultati presso altre biblioteche italiane.[4] Un ulteriore spoglio di titoli è stato fatto esaminando la collezione privata di Giorgio Fanan di Torino.

Si è reperito quasi sempre il libretto della prima rappresentazione; in caso diverso, lo si è indicato.

[3] *Teatro musicale ed estetica neogotica. Con regesto dei libretti (1870–1920)*, tesi di laurea, Facoltà di Lettere e Filosofia dell'Università degli Studi di Firenze, anno accademico 1987–8.
[4] Biblioteca del Conservatorio di Milano, Biblioteca del Conservatorio di Firenze, Fondazione Cini di Venezia.

5.3. *Schede dei melodrammi in ordine di rappresentazione*

MALA PASQUA
(G. D. Bartocci Fontana – Stanislao Gastaldon, 9 aprile 1890)

MALA PASQUA I DRAMMA LIRICO IN TRE ATTI I DI I G. D. BARTOCCI
FONTANA I MUSICA DI I S. GASTALDON I ROMA – TEATRO COSTAN-
ZI I Primavera 1890 I R. STABILIMENTO TITO DI GIO. RICORDI E
FRANCESCO LUCCA I DI I G. RICORDI & C. I Editori-Stampatori I MI-
LANO – ROMA – NAPOLI – PALERMO – PARIGI – LONDRA

CARMELA
GNÀ LOLA   moglie di
ALFIO
TURIDDU   figlio di
GNÀ NUNZIA
BRASI
CAMILLA

Notabili – Fanciulli – Fanciulle Frati e Popolo. I La scena è in un piccolo
villaggio della Sicilia.

Atto primo

Carmela, cacciata di casa dai fratelli perché incinta, sta attendendo il fidanzato Turiddu che vede uscire dal portone di Lola, sua antica fiamma e
ora sposa di Alfio. Allontanatosi Turiddu, Carmela affronta Lola, minac-
ciandola, ma poi la supplica di lasciarle l'uomo che ama. Di fronte all'osti-
nato rifiuto della rivale, Carmela rinnova le sue minacce.

Atto secondo

Carmela confida a Nunzia, che suo figlio Turiddu è stato visto uscire a
tarda notte dalla casa di Lola. Finalmente Carmela può affrontare il fidanzato, il quale nega di aver nulla a che fare con Lola. Turiddu, irritato
dalla gelosia della donna, se ne va, lasciandola, disperata, a terra.

Atto terzo

Carmela rivela ad Alfio il tradimento della moglie con Turiddu; Alfio
giura di vendicarsi e si allontana. Turiddu brinda con tutti, assecondato da
Lola; arriva Alfio, Turiddu gli offre da bere e questi rifiuta sgarbatamente:

la sfida è inevitabile. Turiddu saluta la madre, presago di una sventura, e si reca al duello. Dopo qualche istante entra Carmela, sconvolta, annunciando l'uccisione di Turiddu.

LABILIA
(Vincenzo Valle – Nicola Spinelli, 7 maggio 1890)

LABILIA I MELODRAMMA IN UN ATTO E DUE QUADRI I PAROLE DI I VINCENZO VALLE I MUSICA DI I NICCOLA [sic] SPINELLI I MILANO I EDOARDO SONZOGNO, EDITORE I 14 – Via Pasquirolo – 14.

LABILIA		S
TEODORO		Br
GISLA	madre di	Mzs
VOLELLO		T

Coro di contadini, contadine. – Ballerine. I Paese della Corsica. I Epoca: fine del secolo passato.

Atto unico

Quadro primo

Labilia sta per sposare il ricco Teodoro, sebbene sia legata da un giuramento a Volello, che tutti credono morto in battaglia. Pur conscia di avere rinnegato il vincolo, Labilia si compiace della sua sorte che la destina all'uomo più ricco del paese.

Quadro secondo

All'improvviso giunge Volello: ferito a morte, venne salvato, e ora è tornato per sposare la donna che ama. Quando Labilia gli confessa allora che, credutolo morto, si è oramai promessa ad un altro, Volello si scaglia su Labilia e si getta con lei nel torrente.

CAVALLERIA RUSTICANA
(Giovanni Targioni-Tozzetti, Guido Menasci – Pietro Mascagni, 17 maggio 1890)

CAVALLERIA RUSTICANA I MELODRAMMA IN UN ATTO I DI I G. TARGIONI TOZZETTI E G. MENASCI I MUSICA DEL MAESTRO I PIETRO

MASCAGNI I MILANO I EDOARDO SONZOGNO, EDITORE I 14 – Via Pasquirolo – 14.

SANTUZZA	S
LOLA	Mzs
TURIDDU	T
ALFIO	Br
LUCIA	C

Coro di Contadini e Contadine. – Coro interno. I Il presente melodramma è tolto dalle Scene Popolari I omonime di G. Verga.

Atto unico

Turiddu, a sipario calato, canta una serenata. È l'alba del giorno di Pasqua: Santuzza supplica mamma Lucia di dirgli dove sia Turiddu ma, alla risposta della donna, che crede il figlio a Francofonte, le dice che questi è stato visto la notte in paese. Arriva il carrettiere Alfio che conferma di avere visto Turiddu vicino a casa sua. Rimasta sola con Lucia, Santuzza le esprime le sue pene: Turiddu amoreggiava un tempo con Lola ma, una volta tornato dal servizio di leva, la trovò sposata al ricco Alfio. Turiddu, per consolarsi, cominciò a corteggiarla e Lola, gelosa, fece di tutto pur di averlo di nuovo.

Arriva Turiddu e Santuzza lo affronta, chiedendogli dove sia stato; poi lo implora di non lasciarla. Il dialogo viene interrotto dall'arrivo di Lola, che canta uno stornello e accresce le pene di Santuzza, la quale, di nuovo sola con Turiddu, lo implora ancora ma l'uomo se ne va, gettandola a terra. Giunge Alfio e Santuzza, sconvolta, gli rivela la tresca fra Turiddu e sua moglie. Il carrettiere giura di vendicarsi.

Terminate le funzioni, si brinda, ma Alfio, sopraggiunto, respinge il vino offertogli da Turiddu; i due rivali si sfidano. Presago di una sventura, Turiddu si accomiata dalla madre, alla quale affida Santuzza, poi si allontana frettolosamente. Ad un tratto, alcune donne annunciano l'uccisione di Turiddu.

SULL'ALPI
(Giulio Concina – Giulio Concina, 1892?)

SULL'ALPI I OPERA IN UN ATTO I PAROLE E MUSICA I DI I GIULIO CONCINA I MILANO I STABILIMENTO TIPOGRAFICO ENRICO REGGIANI I Via della Signora, 15 I 1892

MARCELLO	piccolo possidente
SILVIA	sua figlia

TEBALDO   giovane cacciatore
FEDERICO   ganimede, villereccio

La scena ha luogo in un paese dell'Alpi. – Epoca presente.

Atto unico

A saldo di una forte somma dovutagli da Marcello, Federico chiede a questi la mano di Silvia, minacciandolo, se rifiuterà, di requisirgli il podere. Silvia, che ha udito il colloquio, dà un appuntamento a Federico. Per una discussione di gioco, Federico viene poi alle mani con Tebaldo, promesso sposo di Silvia, ma i due vengono separati. Rimasta sola con Tebaldo, Silvia gli racconta della richiesta fatta da Federico a suo padre; cercherà di dissuadere l'uomo, ma se questi sarà risoluto nel proposito, ella dovrà cedere per il bene del padre; Tebaldo intanto medita di vendicarsi. Federico e Silvia si incontrano: la donna lo supplica di rinunciare a lei, ma vista l'inutilità delle richieste, cede al suo volere. Quando Silvia si allontana, appare Tebaldo che imbraccia il fucile e colpisce il rivale.

NENNELLA
(C. A. Blengini – A. Sanfelici, 1892?)*

NENNELLA I DRAMMA LIRICO IN TRE PARTI I PAROLE DI I C. A. BLENGINI I MUSICA DI I A. SANFELICI I Rappresentato per la prima volta all'«Apollo» di Genova I in occasione delle Feste Colombiane. I MILANO I Unione Editrice Musicale I 1892

CARMELA
ASSUNTA
VITO
ROSINA (Nennella)
CENCIA
PASCARIELLO

CORI e COMPARSE: I Popolani, Garzoni di bottega, Guardie, ecc. I SCENA: I Un rione di Basso Porto (Napoli). I Atto I: Una piazzetta. – Atto II: Casa di Carmela. I Epoca attuale.

Atto primo

Parte prima

Vito, sofferente di tisi, fa un voto a Gesù: se lo farà guarire, egli toglierà dal peccato una «donna perduta». Giunge Carmela, la donna con cui Vito ha una relazione, e lo rimprovera del suo gesto. Anche Assunta, madre di Vito, rimprovera il figlio per il suo proposito di sposare una «mala femmina».

Parte seconda

Rosina esce dalla casa di tolleranza per andare ad attingere acqua. Vito le chiede da bere e la interroga per sapere la sua storia; poi offre alla fanciulla il proprio amore, perché possa redimersi.

Atto secondo

Parte terza

Si accende un litigio fra Carmela e il marito Pascariello, che vorrebbe dei soldi per andare all'osteria. Questi, pur a conoscenza del legame che c'è fra Vito e la moglie, non sembra preoccuparsene più di tanto e se ne va. Giunge Rosina; Carmela le chiede di rinunciare a Vito, ma non ottiene alcun risultato. Dopo che Rosina se ne è andata, arriva Vito che sembra deciso a convincere Carmela di scordarlo e di lasciarlo in pace; la donna tenta però con ogni mezzo di sedurlo e di convincerlo a infrangere il voto fatto. Dietro la vetrata, Rosina chiama a sé Vito, poi riesce a entrare di nuovo nella casa; Carmela la aggredisce, colpendo invece Vito, che muore poco dopo. Giungono altre persone, che pregano per Vito, il quale, morendo, ha espiato le sue colpe.

* Con una prefazione.

MALA VITA
(Nicola Daspuro – Umberto Giordano, 21 febbraio 1892)

MALA VITA | MELODRAMMA IN TRE ATTI | VERSI DI | N. DASPURO | MUSICA DI | UMBERTO GIORDANO | R. Teatro Argentina | Stagione Carnevale – Quaresima 1892 | IMPRESA DEL MARCHESE GINO MONALDI | MILANO | EDOARDO SONZOGNO, EDITORE | 14 – Via Pasquirolo – 14 | 1892.

VITO AMANTE		Comm. Roberto Stagno
ANNETIELLO		Ottorino Beltrami
CRISTINA		Gemma Bellincioni
AMALIA	moglie di Annetiello	Emma Leonardi
MARCO	barbiere	Francesco Nicoletti
NUNZIA	pettinatrice	Giulia Sporeni

Popolani e popolane, garzoni tintori e ragazzi. | Concertatore e direttore dell'opera: | M° VITTORIO PODESTI | Direttore dei cori: Cav. Vincenzo Molajoli. | La scena è in Napoli verso il 1810. | Questo melodramma è stato tratto dalle Scene popolari omonime | di S. Di Giacomo e G. Cognetti.

Atto primo

Vito è sofferente di tisi; dopo l'ennesima crisi, e in preda ai rimorsi per gli errori commessi nella vita, che vede rispecchiata nel proprio malessere fisico, fa un voto a Gesù: se lo farà guarire, egli sposerà una «donna perduta» per redimerla. Una mano, da una finestra della casa di tolleranza, getta a Vito una rosa. Esce Cristina, l'uomo le parla, la corteggia e si offre di sposarla. Un appassionato duetto d'amore chiude l'atto.

Atto secondo

La moglie di Annetiello, Amalia, amante di Vito, non sa rassegnarsi all'idea che questi sposi Cristina; fa venire la donna a casa sua, pregandola di rinunciare a Vito, ma questa rifiuta con decisione. Partita Cristina, giunge Vito che dapprima si mostra risoluto nel suo proposito di sposare Cristina, ma poi cede di nuovo alla seduzione di Amalia.

Atto terzo

Ora Vito è stanco di Cristina e vuole lasciarla, malgrado questa lo implori di non abbandonarla. Giunge Amalia, che si porta Vito con sé per una gita. Cristina, disperata, picchia alla porta del luogo da cui aveva tentato, invano, di sfuggire e sviene sui gradini.

LA TILDA
(Angelo Zanardini – Francesco Cilea, 7 aprile 1892)

LA TILDA | MELODRAMMA IN TRE ATTI | DI | ANNELDO GRAZIANI* | MUSICA DI | FRANCESCO CILEA | MILANO | EDOARDO SONZOGNO, EDITORE | 14 – Via Pasquirolo – 14 | 1892.

TILDA	saltatrice e canterina di strada	S
CECILIA	figlioccia di Tilda	S
AGNESE	fidanzata di Gastone	Mzs
GASTONE	giovane ufficiale francese	T
MARIO	nobile romano, fratello di Agnese	2.° Br
GASPARRE	brigante	1.° Br

| BISTA | bargello | B |
| LOCUSTA | ostessa · | Comp |

Cori e Comparse, Signori e Popolani, Briganti. I L'azione si svolge in Roma e nella macchia di Frosinone, I sullo scorcio del secolo scorso.

Atto primo

Arriva la cantatrice Tilda: Gastone è stato un tempo legato alla donna, ma ora è fidanzato con Agnese. Gastone provoca la cantatrice, chiedendole un appuntamento, ma Tilda rifiuta sprezzante. Giunge, frattanto, un gruppo di briganti condannati a morte: Tilda riesce a farne liberare uno, Gasparre, e lo prende a suo servizio, in cambio della libertà. Tilda e Gastone si incontrano: l'uomo la corteggia ma, respinto, la umilia. Tilda, rimasta sola, si dispera, essendo ancora innamorata di Gastone.

Atto secondo

Nel bosco. Il calesse che conduce Gastone e Agnese viene catturato dai briganti assoldati da Tilda; Gastone viene liberato, ma dovrà pagare un riscatto se vorrà libera anche la fidanzata. Rimasta sola con Agnese, Tilda la implora di rinunciare a Gastone, ma invano.

Atto terzo

All'osteria di Locusta. Tilda incontra Gastone e, finalmente, gli rivela il suo amore, ma viene respinta di nuovo. Allora, mentendo, sostiene di avere ucciso Agnese. Gastone la ferisce a morte: all'arrivo della fidanzata di Gastone, Tilda, morente, benedice l'unione dei due.

* Pseudonimo di Angelo Zanardini.

MASTRO GIORGIO
(Giuseppe Di Nunno-Giannattasio – Domenico Sodero, 13 aprile 1892)*

MASTRO GIORGIO I MELODRAMMA IN UN ATTO I DI I GIUSEPPE DI NUNNO-GIANNATTASIO I MUSICA DEL MAESTRO I DOMENICO SODERO I vendibile in NAPOLI presso I L'EDITORE GENNARO M. PRIORE I Ss. Filippo e Giacomo, 26 I IL LIBRAIO LUIGI PIERRO I Piazza Dante, 76

MASTRO GIORGIO
CARMELA

ROSARIUZZA
GIOVANNINO

CONTADINI E CONTADINE | L'azione avviene nella Provincia di Cosenza |
Epoca presente

Atto unico

Nella bottega di Mastro Giorgio, dopo un colloquio d'amore fra il gar-
zone Giovannino e Rosariuzza, figlia del padrone, arriva Carmela, chiedendo la carità alla fanciulla; la donna è la moglie di Giorgio, la quale un
giorno se ne andò con un altro, abbandonando la famiglia, e ora vuole
portare via con sé Rosariuzza; Giorgio vorrebbe scacciarla, ma Rosariuzza lo implora di perdonare; le preghiere della figlia non sortono alcun ef-
fetto, ed ella decide di andarsene con la madre. Arriva Giovannino: Giorgio gli racconta l'accaduto e si accorge che Carmela e Rosariuzza non
sono più in casa; Gennarino si getta all'inseguimento della carrozza con
cui si stanno allontanando le due donne. Si ode uno sparo: Gennarino ha
colpito Rosariuzza, nel tentativo di fermare la carrozza. Giorgio abbraccia
la figlia, morente; vorrebbe scagliarsi su Gennarino, ma viene trattenuto
dalla gente.

* Con prefazione del librettista. L'opera è tratta da *Mastro Giorgio* di Antonio Misasi.

PAGLIACCI
(Ruggero Leoncavallo – Ruggero Leoncavallo, 21 maggio 1892)

PAGLIACCI | DRAMMA IN UN ATTO | PAROLE E MUSICA | DI | R.
LEONCAVALLO | TEATRO DAL VERME | Stagione di Primavera 1892 |
MILANO | EDOARDO SONZOGNO, EDITORE | 14 – Via Pasquirolo 14.

NEDDA	(nella commedia Colombina)	
	attrice da fiera, moglie di	Sig.ra A. Sthele
CANIO	(nella commedia Pagliaccio)	
	capo della compagnia	Sig.r F. Giraud
TONIO	lo scemo (nella commedia Taddeo)	
	commediante	Sig.r V. Maurel
PEPPE	(nella commedia Arlecchino)	
	commediante	Sig.r F. Daddi
SILVIO	campagnuolo	Sig.r M. Roussel

CONTADINI E CONTADINE | La scena si passa in Calabria presso Montalto, il
giorno della | festa di Mezzagosto. – Epoca presente, fra il 1865 e il 1870.
| Direttore d'orchestra: ARTURO TOSCANINI | Maestro dei cori: T. BONAZZI

Prologo

Tonio, nei panni di Taddeo, espone al proscenio la poetica del vero che informa il dramma che andrà a incominciare: non lacrime e sentimenti fittizi, ma una vicenda che si ispira alla realtà e che racconta un dramma vero.

Atto primo

Giunge in paese una carovana di commedianti e uno di loro, Canio, annuncia lo spettacolo della sera. Reagendo a una scherzosa provocazione di un contadino, mette a nudo la sua gelosia nei confronti di Nedda; questa, rimasta sola, si preoccupa al pensiero che il marito possa avere intuito la sua relazione con un altro. Arriva Tonio, che cerca di insidiare la donna ma questa lo scaccia con una frustata. Giunge l'amante di Nedda, Silvio; Tonio scorge i due e va a chiamare Canio che, sopraggiunto, per poco non riesce a catturare Silvio, che fugge. Rimasto solo con la moglie, cerca invano di farsi dire il nome dell'amante; lo spettacolo deve però incominciare e Beppe riesce a convincere Canio ad andarsi a vestire. Incomincia la commedia: vi prendono parte Nedda, Tonio, Beppe e Canio: ben presto, però, dalla finzione si passa alla realtà: Canio insiste nel farsi rivelare dalla moglie il nome dell'amante e invano Nedda cerca di ricondurlo a recitare. La donna continua a rifiutarsi di pronunciare il nome, gli spettatori si rendono conto che ciò a cui assistono non è più uno spettacolo. Silvio è fra il pubblico e Nedda, ferita a morte da Canio, lo chiama in soccorso: anche l'amante cade sotto i colpi di Canio.

LA BELLA D'ALGHERO
(Antonio Boschini – Giovanni Fara Musio, 1° luglio 1892)

LA BELLA D'ALGHERO | DRAMMA SERIO IN DUE PARTI | DA RAPPRE-SENTARSI LA PRIMA VOLTA | NEL | Salone dei Concerti del Liceo Musicale | NELLA | Ricorrenza del primo Centenario Rossiniano | LUGLIO 1892 | Parole di ANTONIO BOSCHINI | Musica di GIOVANNI FARA MUSIO | PESARO 1892 | Stab. Annesio Nobili

EULALIA	donzella Algherese	Sig.ra Petri Elisa
EFISIO	bersagliere, amante di Eulalia	Sig.r Zonghi Alfredo
LUISU	padre di Efisio	Sig.r Venturini Alfredo
ROSALIA	sorella di Eulalia	Sir.ra Grisi Maria
GAVINO	pescatore	Sig.r Pagnoni Gualtiero

Popolani | L'azione è in Alghero (Sardegna) | Epoca presente.

Parte prima

Casa di Eulalia. La fanciulla riceve la visita di Efisio, l'uomo che si appresta a sposare, e i due si esprimono amore reciproco. Di Efisio è pure innamorata Rosalia, che riesce a convincere la sorella a rinunciare all'uomo che ama in favore di Gavino.

Parte seconda

Efisio apprende dal padre che Eulalia è costretta, suo malgrado, a sposare Gavino. Mentre si svolge la cerimonia, Efisio è disperato e Rosalia cerca di consolarlo, ma l'uomo la respinge e, in preda allo sconforto, si getta da un'altura.

TRADITA!
(Ferruccio Cusinati – Ferruccio Cusinati, 12 novembre 1892)

TRADITA! I MELODRAMMA IN DUE ATTI I MUSICA DEL MAESTRO I FERRUCCIO CUSINATI I da rappresentarsi nell'Autunno 1892 I TEATRO RISTORI IN VERONA I VERONA I STABILIMENTO TIPO-LITOGRAFICO I G. FRANCHINI I 1892

PIETRO	vecchio contrabbandiere	B
MARIA	figlia di Pietro	S
ROBERTO	guardia dei confini	T
LORENZO	contrabbandiere, amico di Pietro e fidanzato di Maria	Br

Coro di contrabbandieri. I Il dramma si svolge presso il confine Svizzero, a metà del secolo scorso.

Atto primo

Pietro attende l'arrivo di Lorenzo, a cui la figlia Maria è promessa sposa. Questa si mostra triste e, una volta arrivato Lorenzo, il giovane le chiede il motivo del suo stato; Maria, mentendo, gli dice che la sua tristezza è causata dalla recente scomparsa della madre.

Atto secondo

Maria ha un colloquio con Roberto, l'uomo a cui vuole bene; sopraggiungono Pietro e Lorenzo e la donna nasconde l'amante, che riesce a udire di un progetto dei contrabbandieri. Rimasta sola con Roberto, Maria si fa giurare dall'uomo di non denunciare il padre e gli amici e lo fa fuggire. Si odono degli spari: giunge Pietro, dicendo che un uomo ha teso loro un agguato e che Lorenzo sta morendo; comprende che la figlia conosce l'assassino e, fuggendo, la maledice. Ritorna Roberto e Maria, dopo avergli rimproverato il vile tradimento, lo uccide con un coltello.

A SANTA LUCIA
(Enrico Golisciani – Pierantonio Tasca, 15 novembre 1892)

A SANTA LUCIA | MELODRAMMA IN DUE ATTI | (dalle Scene popolari Napolitane di GOFFREDO COGNETTI) | MUSICA | DI | PIERANTONIO TASCA | VERSI | di ENRICO GOLISCIANI | FIRENZE | TIPOGRAFIA GALLETTI E COCCI | 1892

CICCILLO	pescatore	T
ROSELLA		S
TOTONNO	ostricaro, padre di Ciccillo e di	Br
CONCETTINA		S I
MARIA		Mzs
TORE	lo zoppo	2° B
NANNINA	(4 anni)	F

Marinai, Pescatori, Venditori, Avventori, | Popolani e Popolane, Poliziotti, Voci di devoti ecc. | Scena: Napoli 1861

Atto primo

Scena di piazza: a un certo punto si accende una rissa fra Maria e Rosella e quest'ultima cerca di tirare una coltellata alla rivale. Rapidamente, Totonno, innamorato della fanciulla, le toglie il coltello e fa credere alle guardie che il graffio di Maria sia stato provocato da un guscio di ostrica; dice inoltre, per poter garantire per la fanciulla, che questa vive in casa sua e decide così di ospitarla. Tutto questo offende Maria, fidanzata di Ciccillo, che giura così di non mettere più piede in casa di Totonno. Ciccillo ama Rosella, con la quale ha avuto una figlia, Nannina, che Rosella fa credere sua sorella. Esorta quindi la donna a placare la sua ira verso Maria.

Atto secondo

Dopo essere stato via un anno, Ciccillo sta per tornare. Totonno confida a Maria la sua intenzione di chiedere la mano di Rosella: in lei rivede le sembianze della madre, di cui fu un tempo innamorato. Arriva Ciccillo;

Maria, per farlo ingelosire, gli svela le intenzioni di Totonno; allora Ciccillo chiede spiegazioni a suo padre e, nell'ira, gli rivela di aver avuto una figlia da Rosella. Poi scaccia la donna, la quale si professa all'oscuro dei sentimenti di Totonno; disperata, si getta dalla banchina. Ciccillo corre a raccoglierla e Rosella, morente, continua a proclamare la propria innocenza.

ALLA MACCHIA
(Antonio Scapolo – Giovanni Ercolani, 25 dicembre 1892)

ALLA MACCHIA I DRAMMA IN TRE ATTI I DI A. SCAPOLO I MUSICA I DI I GIOVANNI ERCOLANI I Piove – Teatro Comunale I Carnevale 1893 I Tipografia Fabris I 1892

MERCEDE		Mzs	Sig. E. Ercolani
NELLA	fidanzata di	S	Sig. A. Piron
ARTURO		T	Sig. T. Gidoni
GENNARO	bandito	B	Sig. E. Venturini
PIETRO	padre di Nella	B	Sig. C. Barin

Pescatori, pescatrici, marinari, mozzi, contadini, I briganti e valletti. I L'azione si svolge in un paese della bassa Italia.

Atto primo

Mercede attende con trepidazione l'arrivo di Arturo che, partito quattro anni prima come mozzo su una nave, le proclamò il suo amore; ora è di ritorno come capitano di quella nave e la donna spera di ritrovarlo innamorato come allora. Gennaro disillude Mercede dicendole che Arturo è in arrivo con una fidanzata, Nella, un tempo sua amica. Quando i due arrivano, Mercede colpisce Arturo con un pugnale e si dà alla fuga.

Atto secondo

Si brinda alle future nozze di Arturo e Nella, e Gennaro canta in loro onore. Giunge Mercede, divenuta masnadiera, che osserva di nascosto la scena; a un tratto irrompe con dei briganti e, con l'aiuto di Gennaro, rapisce Arturo.

Atto terzo

Mercede fa condurre presso di sé Arturo incatenato e gli rimprovera di non avere mantenuto la promessa d'amore; ma è l'uomo che ora l'accusa:

1–2. *A Santa Lucia*. I personaggi di Ciccillo e Rosella interpretati da Roberto Stagno e Gemma Bellincioni in due cartoline d'epoca.

fu proprio lei a non serbargli fede giacché, qualche mese dopo la partenza, egli ricevette una sua lettera in cui si diceva innamorata di un altro.
Mercede nega tutto questo e ben presto intuisce che fu Gennaro, da sempre innamorato di lei, a scrivere la falsa lettera. Frattanto, giungono Nella
e Pietro: Mercede benedice allora l'amore di Arturo e della fidanzata e si
getta nel vuoto.

TRECCIE NERE
(Erminio Manzini – Vincenzo Gianferrari, 8 febbraio 1893)*

TRECCIE NERE I DRAMMA LIRICO IN UN ATTO I DI I ERMINIO MANZI-
NI I MUSICA DI I VINCENZO GIANFERRARI I MILANO I TIPOGRAFIA
DELLO STABILIMENTO E. SONZOGNO I 1893.

MARIA	S
VILMA	Mzs
NANO	T
SANTE	Br
UN BOSCAJUOLO	

Coro di boscajuoli e boscajuole. I L'azione ha luogo negli Abruzzi; epoca
presente.

Parte prima

Nano ama Maria, ma la donna, pur provando affetto per il giovane che
considera come un fratello, è legata a Sante e cerca dolcemente di disil-
ludere Nano. Vilma, anch'ella innamorata di Sante, convince Nano a ta-
gliare le trecce di Maria: una volta sfregiata («donna senza trecce è donna
senz'onore!») sarà respinta da Sante e Nano la potrà sposare. Nano si
convince di mettere in opera l'atto ma, all'ultimo momento, viene calma-
to da Maria. Vilma osserva la scena e ne distorce il significato agli occhi
della gente e di Sante, che crede allora infedele la fidanzata.

Parte seconda

Sante accusa Maria di tradirlo con Nano; la donna spiega a Sante come siano andate in realtà le cose, ma questi non le crede. Arriva Nano: i
due rivali si affrontano e Maria, terrorizzata, strappa il coltello dalla mano
di Nano e lo uccide.

* Anche se non è indicato, il melodramma riprende, seppure molto liberamente, la novella *Trecce nere* di Federico Ciampoli.

A CANNAREGIO
(? – Carlo Sernagiotto, 22 febbraio 1893)

A CANNAREGIO | SCENE VENEZIANE | OPERA IN DUE ATTI | PARO-
LE DI N.N. | MUSICA DI | CARLO SERNAGIOTTO | VENEZIA | Prem.
Stab. Tip.-Lit. Frat. Visentini | 1892

PASQUA	madre di	C
TITANANE	barcaiuolo	T
GEGIA SPISEMA	di lui amante, merlettaia	S
MOMI, detto BISATO	barcaiuolo	Br
ZANZE FARSORA	di lui amante, infilaperle	Mzs
TANENA	cantore girovago, sbilenco	T comico
MALGARI PUINETTA	serva	S
CATE CANOCIA	lavandaia	Mzs

Merlettaie
Infilaperle   } Coro soprani e contralti
Lavandaie
Serve
Due gondolieri   Tenore e Basso
Regatanti
Barcaiuoli   } Coro tenori, baritoni e bassi
Calafati
Popolani   } Coro di ragazzi
Monelli, ragazzetti

La scena succede in Venezia, in sestriere di Cannaregio, | a' giorni nostri.

Si sta attendendo l'esito di una regata e tutti fanno pronostici e scom-
messe intorno al probabile vincitore; si accende una baruffa, ma ben presto giunge Titanane, annunciando di avere vinto. Ognuno torna alla propria casa. Momi, di ritorno dalla regata, viene schernito da Zanze, per la
sconfitta patita. Intanto Titanane corteggia Gegia, in un duetto d'amore.
Ad un certo punto si accende una discussione fra Titanane e Momi, riguardo all'esito della gara: i due si accapigliano, ma vengono poi divisi
dalla gente. La scena si chiude con il duetto fra Gegia e Titanane. Momi,
ubriaco, crolla, deriso da Zanze.*

* La divisione in atti non appare nel libretto.

FESTA A MARINA
(V. Fontana – Gellio Benvenuto Coronaro, 21 marzo 1893)

FESTA A MARINA | BOZZETTO LIRICO | MUSICA DEL MAESTRO |

GELLIO BENVENUTO CORONARO | MILANO | EDOARDO SONZO-
GNO, EDITORE | 14 Via Pasquirolo – 14 | 1893.

MASTRO TONIO		Br
SARA	di lui moglie	S
CICILLO		T
COMARE CONCETTA		Mzs
MASTRO CICCO		B

CORI. | FOROSETTE – COMARI – SACERDOTI | CHIERICI – PROCESSIONANTI | CONTA-
DINI – MONELLI – PIFFERAI – ZAMPOGNARI | DANZATORI UBRIACHI. | L'azione si
svolge in un villaggio sulle coste della Calabria. | Epoca contemporanea.

Atto unico

Sara attende l'arrivo di Cicillo, a cui è legata. I due si danno poi un ulteriore appuntamento per la sera stessa. Arriva Tonio e Cicco, ubriaco, lo
mette in sospetto riguardo alla fedeltà della moglie. Tonio accusa Sara di
tradirlo e questa, messa alle strette, ammette le sue colpe, ma rivela di
essere in attesa di un figlio. Tonio esita ma, all'udire da lontano il canto
spensierato di Cicillo, accoltella furiosamente Sara.

TRISTI NOZZE
(Ugo Dallanoce – Ugo Dallanoce, 23 marzo 1893)

TRISTI NOZZE | DRAMMA LIRICO IN UN ATTO | MUSICA DI | UGO
DALLANOCE | MILANO | EDOARDO SONZOGNO, EDITORE | 14 – Via
Pasquirolo 14 | 1893

RILLA	pescatorina, sorella di	S
FLAVIO	pescatore	Br
SEVERO	amante di Rilla, pescatore siciliano	T
TOTO	promesso sposo di Rilla, pescatore sardo	B

CORO DI PESCATORI E DI MARINAI. | La scena succede in Sardegna. Epoca
presente.

Atto unico

Rilla e Severo si amano, ma sono ostacolati da Flavio che odia l'amante della sorella e vuole che essa sposi Toto. Questi arriva e tutti gioiscono
per i futuri sposi. Severo attende Rilla, ma giunge invece Flavio; questi gli
rivela la ragione del suo odio: la donna che amava, gli confessò, in punto

di morte, di avere sempre amato Severo. I rivali si affrontano e Severo cade colpito a morte, soccorso invano da Rilla.

MALIA
(Luigi Capuana – Francesco Paolo Frontini, 30 maggio 1893)

MALIA | MELODRAMMA IN TRE ATTI | DI | LUIGI CAPUANA | MUSICA DI | F. PAOLO FRONTINI | Prima Rappresentazione – Bologna – Teatro Brunetti | ESTATE 1893 | STABILIMENTO MUSICALE | ACHILLE TEDE-SCHI | Succ. Trebbi | BOLOGNA '

MASSARO PAOLO	padre di	B	Sig.r Antonio Bardossi
JANA	e di	S	Sig.a Leonilda Gabbi
NEDDA		Mzs	Sig.a Clotilde Malatesta
COLA	marito di Nedda	Br	Sig.r Michele Wigley
NINO	fidanzato di Jana	T	Sig.r Ettore Marchi

Contadini e contadine, vendemmiatori e vendemmiatrici. Suonatori. | La scena è in un villaggio siciliano. | Epoca: primi anni del secolo presente.

Atto primo

Nella casa di Massaro Paolo si attende l'arrivo degli sposi Cola e Nedda. Jana è triste e, all'arrivo della sorella e del marito, mentre tutti festeggiano, non riesce a nascondere la propria malinconia.

Atto secondo

Jana si mostra sempre cupa; arriva Cola; egli è la causa dell'umore della donna che si sente terribilmente attratta da lui e glielo confessa; i due si abbracciano. Ha luogo una processione della statua della Vergine: Jana, in preda al delirio inveisce contro la Madonna: tutto ciò pare al popolo opera di malia.

Atto terzo

Nino sta di nuovo implorando l'amore di Jana che si giudica indegna di lui e lo invita a dimenticarla, confessando, infine, la propria colpa; Nino la perdona e le offre di sposarla e di portarla lontano, dove potranno essere liberi. Mentre Jana è rimasta sola ed è felice per ciò che la attende, arriva Cola: l'uomo non vuole permetterle di andare sposa a Nino e la minaccia; Nedda assiste alla scena e, compresa la situazione, inveisce contro la sorella. All'arrivo della gente, Cola riesce a sedare il litigio: Nino, impadronitosi di un coltello si getta su Cola e lo ferisce a morte: la malìa è così interrotta.

A BASSO PORTO
(Eugenio Checchi – Nicola Spinelli, 18 aprile 1894)*

A BASSO PORTO | SCENE NAPOLETANE DI GOFFREDO COGNETTI | DRAMMA LIRICO IN TRE ATTI | DI | EUGENIO CHECCHI | MUSICA DI | NICCOLA [sic] SPINELLI | ROMA | TIPOGRAFIA TIBERINA DI F. SETTH | Vicolo della Lupa, 30 | 1895

SE' MARIA		S dr
SESELLA		S
	di lei figli	
LUIGINO		1° T
CICCILLO	o' Luciano	Br
SI' PASCALE	o' cantiniere	B
PICHILLO		2° T

Popolane, popolani, camorristi, avventori, | marinai, ragazzi ecc. | La scena è a Napoli nella strada Acquaquilia | a Basso Porto.

Atto primo

Il camorrista Ciccillo fu un giorno l'amante di Maria, che lasciò poi per un'altra, scatenando così la vendetta della donna abbandonata che accusò ingiustamente la nuova amante di Ciccillo, facendola morire. Ora Ciccillo, che amoreggia con Sesella, vuole vendicarsi di Maria portando i suoi figli alla perdizione.

Atto secondo

Ciccillo è sospettato dagli altri camorristi, a ragione, di essere una spia e cerca di difendersi dall'accusa incolpando a sua volta Luigino. Convince poi Sesella a fuggire con lui, ma Maria rivela alla figlia la verità, svelando i malvagi progetti dell'uomo. Maria, nel corso di una riunione di camorristi, accusa di delazione Ciccillo, che non è presente. Si decreta allora la morte dell'uomo e toccherà a Luigino l'esecuzione: attenderà Ciccillo in fondo al vicolo e, quando i canti dell'osteria cesseranno, dovrà colpirlo.

Atto terzo

Maria incontra Ciccillo e si offre di salvarlo se giurerà di placare l'odio verso i suoi figli; al rifiuto dell'uomo, Maria lo colpisce con un coltello.

* Con una prefazione del librettista. Il libretto reperito è relativo a una rappresentazione romana del 1895.

LA MARTIRE
(Luigi Illica – Spiro Samara, 23 maggio 1894)

LA MARTIRE | NOVELLA SCENICA IN TRE | ATTI DI L. ILLICA MU- | SI-CA DI S. SAMARA. | MILANO | EDOARDO SONZOGNO, EDITORE | 14 – Via Pasquirolo – 14.

TRISTANO PETROVICH	capo-ciurma di scaricatori danubiani
NATALIA	sua moglie
MIKAEL TANCICH	piloto del vaporetto Belgrado
NINA FLEURETTE	canzonettista francese
IL SIGNOR BACIACIELI	cantante italiano
IL SIGNOR CRYSOSTOMUS WEISCHEIT	virtuoso tedesco

LAVORATORI RUMENI – MARINAI DI DIVERSE NAZIONI | DONNE – KELLERINE TEDESCHE. | La scena è a Sulinà. – Epoca presente.

Atto primo

Il lavoro di un gruppo di scaricatori capeggiati da Tristano viene interrotto dall'intervallo di mezzogiorno. Natalia porta a Tristano la colazione e gli dice che la loro bimba Anka è malata; dopo avergli dato un orologio che Tristano le aveva chiesto, Natalia si allontana. Giunge Nina Fleurette, e Tristano, di lei innamorato, le dona l'orologio della moglie. Approda il vaporetto Belgrado: ne discendono due bizzarri cantanti, Baciacieli e Crysostomus, invitati a esibirsi nel caffè dove lavora Nina. Scende a terra anche Mikael che incontra Natalia, di cui fu un tempo innamorato, prima che questa sposasse Tristano, e la consola con affetto, per tutte le sue sventure. Improvvisamente, Tristano, per mettersi in luce nei confronti di Nina, scatena una rissa fra scaricatori, invano trattenuto da Natalia che lo implora di tornare a casa dalla figlia malata.

Atto secondo

Nel caffè-concerto. si esibiscono Nina e i due nuovi cantanti. Entra Tristano e vede fra il pubblico Mikael, che sa essere stato un tempo innamorato di Natalia. Improvvisamente entra proprio Natalia, sconvolta, annunciando a Tristano la morte della figlia, ma questi pensa che si tratti di un trucco per farlo ritornare a casa e la scaccia; interviene allora Mikael che prende le difese della donna e minaccia Tristano.

Atto terzo

Natalia attende ancora a casa il ritorno del marito e medita di fuggire con Mikael, che giunge, dopo essersi licenziato, per proporle la fuga. Natalia accetta, dandogli appuntamento per l'indomani; rimasta sola, attizza un braciere e, chiuse porte e finestre, attende di morire soffocata dai fumi del carbone acceso. Lentamente, in preda al delirio, muore. Si ode la voce di Tristano, ubriaco, che trova chiusa la porta e, pensando che la moglie sia con Mikael, la sfonda: con orrore si rende conto di quello che è successo.

MARUZZA
(Pietro Floridia – Pietro Floridia, 23 agosto 1894)*

MARUZZA I SCENE LIRICHE POPOLARI IN TRE ATTI I PAROLE E MUSICA I DI I P. FLORIDIA I VENEZIA – TEATRO MALIBRAN I ESTATE 1894 I Impresa B. BARZILAI I R. Stabilimento Tito di Gio. Ricordi e Francesco Lucca I DI I G. RICORDI & C. I EDITORI-STAMPATORI I MILANO – ROMA – NAPOLI – PALERMO – PARIGI – LONDRA

MARUZZA (1)	Zilli Emma
GNA 'NZULA (2)	Ceresoli Elvira
MASSARO GIORGIO	Borgatti Giuseppe
PEPPE (3)	Cioni Cesare
ZU' ROSARIO (4)	Ragni Carlo

CORI I Mietitori – Spigolatrici – Contadini e Popolani I Contadine e Popolane in festa. I COMPARSE I Un ragazzo contadino – Un capraio giovanetto I Tamburo della processione – Portastendardo della processione I Confrati diversi – Chierici I Un mazziere per la processione I Popolo – Monelli. I In Modica e nei dintorni, all'estremo mezzogiorno della I Sicilia. – Costumi locali specialissimi. I Epoca presente. I Maestro concertatore e Direttore d'Orchestra I Cav. ALESSANDRO POMÉ I (1) Diminutivo di Maria. I (2) Locuzione popolare del nome: Signora Vincenza. I (3) Giuseppe. I (4) Zù per zio, si dà generalmente ai contadini anziani

Atto primo

Si sta mietendo il grano; Maruzza dovrebbe sposare Beppe, ma è segretamente legata a Massaro Giorgio, il quale, a sua volta, dovrebbe sposare un'altra donna. Un duetto d'amore fra Giorgio e Maruzza conclude l'atto.

Atto secondo

È la festa del patrono. Maruzza è stata abbandonata da Giorgio, che si è fidanzato con un'altra; egli ha liquidato Maruzza con del denaro, ma la ragazza confida a Gna 'Nzula di avere dato questo denaro a una fattuc-chiera. Giorgio e Maruzza si incontrano e l'uomo le dice di avere ceduto, suo malgrado, al volere della madre; Maruzza gli chiede allora una ciocca di capelli come suo ricordo. Si accende un alterco fra Giorgio e Beppe, e questi apprende che Maruzza ha ricevuto del denaro da Giorgio ed è dun-que disonorata. Infine Gna 'Nzula rivela a Giorgio che la ciocca dei suoi capelli è servita a Maruzza per fargli la malia.

Atto terzo

Casa di Maruzza. La donna attende con ansia l'arrivo di Giorgio. Questi si mostra ancora affascinato da Maruzza; la donna lo stordisce con una bevanda e, al colmo dell'esaltazione, chiude tutte le porte e appicca il fuoco al fienile, dando la morte a sé stessa e a Giorgio.

* Con una prefazione dell'autore.

SANTUZZA
(G. Corrieri – Oreste Bimboni, 8 gennaio 1895)

ORESTE BIMBONI | SANTUZZA | Melodramma in un atto | di G. COR-RIERI | PALERMO | TIPOGRAFIA F. BARRAVECCHIA E FIGLIO | 1895

SANTUZZA	S
LUCIA	Mzs
UN SACRISTA	B

Cori di contadine e Contadini | La scena si svolge in un Villaggio della Si-cilia. | Rappresentata per la prima volta al Politeama Garibaldi | in Paler-mo la sera dell'8 Gennaro [sic] 1895.

Atto unico

L'opera rappresenta il seguito della vicenda di *Cavalleria rusticana* di Verga: Santuzza, dopo la morte di Turiddu, si dispera ed è in preda a ri-morsi atroci. Alla fine, delirando, muore.

VENDETTA SARDA
(Alessandro Cortella – Emidio Cellini, 12 febbraio 1895)

VENDETTA SARDA | BOZZETTO DRAMMATICO IN DUE PARTI | DI | A. C. | MUSICA | DI | EMIDIO CELLINI | MILANO | EDOARDO SONZOGNO, EDITORE | 14 – Via Pasquirolo – 14 | 1895.

MICHELE		Br
MARIA	di lui fidanzata	S
BASTIANO		T
SALVATORICA		Mzs

Coro donne: FOROSETTE e VECCHIE | Coro uomini: POPOLANI – Coro ragazzi: MONELLI. | L'azione si svolge in Sardegna, a' giorni nostri.

Atto primo

Bastiano, di ritorno dalla leva, apprende che Maria, la donna che ama, dovrà andare sposa a un altro. In un colloquio con Bastiano, Maria gli esprime la sua tristezza e il suo rimpianto per dover rinunciare a lui. Il corteo nuziale si avvia alla chiesa: Bastiano giura che Michele non riuscità ad avere Maria.

Atto secondo

Salvatorica, un tempo amante di Michele, poi da lui lasciata, per vendicarsi gli dice con perfidia che sua sorella Giovanna è stata tradita da uno che la doveva sposare ed è stata abbandonata. Bastiano conferma la cosa e Michele, furibondo, vuole conoscere il nome del seduttore. I due lo deridono e Bastiano, per fare ingelosire Michele, gli dice che Maria lo ama ancora e poco prima l'ha baciato. Michele accusa allora la moglie che si dice innocente. All'udire i canti di scherno di Bastiano e Salvatorica che si allontanano, Michele li rincorre: si ode un colpo di fucile e Michele cade a terra.

SILVANO
(Giovanni Targioni-Tozzetti, Guido Menasci – Pietro Mascagni, 25 marzo 1895)

SILVANO | DRAMMA MARINARESCO IN DUE ATTI | VERSI DI | GIOVANNI TARGIONI-TOZZETTI | MUSICA DI | PIETRO MASCAGNI | TEATRO ALLA SCALA | Stagione di Carnevale-Quaresima 1894–95 | MILA-

NO | EDOARDO SONZOGNO, EDITORE | 14 – Via Pasquirolo – 14 | MDCCCXCV

SILVANO
RENZO
MATILDE
ROSA

MARINAI, PESCATORI, ACQUAIOLE, | GIOVANI CONTADINE | In un paese della costa adriatica meridionale. | Tempo presente.

Atto primo

Matilde attende l'arrivo di Silvano: l'uomo, divenuto contrabbandiere per necessità, è dovuto fuggire ma ha poi ottenuto la grazia. Nel frattempo, Matilde ha ceduto alle lusinghe di Renzo e ora è preoccupata per quello che potrebbe accadere. All'arrivo di Silvano, i due si esprimono il loro immutato amore. Successivamente si accende un alterco fra Silvano e Renzo, che lo accusa di essere un bandito. Rimasto solo con Matilde, Renzo la supplica di non lasciarlo, ma la donna gli esprime il suo disprezzo; allora Renzo le impone di accettare un nuovo appuntamento con lui per la notte seguente, o ucciderà Silvano.

Atto secondo

Renzo e Matilde si incontrano; la donna continua a respingere l'uomo, che non vuole rinunciare a lei; i due vengono però interrotti da Silvano e Renzo fa in tempo a fuggire. Silvano interroga Matilde per sapere il nome dell'uomo che era con lei: Renzo ritorna e Silvano lo colpisce con un colpo di pistola, dandosi poi alla fuga.

NOZZE ISTRIANE
(Luigi Illica – Antonio Smareglia, 28 marzo 1895)

NOZZE ISTRIANE | DRAMMA LIRICO IN TRE ATTI | DI | LUIGI ILLICA | MUSICA | DI | ANTONIO SMAREGLIA · | STABILIMENTO MUSICALE C. SCHMIDL & C.°

MARUSSA	figlia di bara Menico	S
BARA MENICO		B
BIAGIO	suonatore di villotte	B
LORENZO		T
NICOLA		Br
LUZE	giovane di Peroi	C

3. *Nozze istriane*. Allestimento del 1954 al Teatro Verdi di Trieste.

L'azione si svolge a Dignano – ai nostri tempi | Cori: contadini e contadine di Dignano.

Atto primo

Il sensale Biagio propone a Menico un buon partito per la figlia: si tratta di Nicola, figlio del ricco Placido. Menico, dopo qualche incertezza, dice a Biagio che Nicola avrà il permesso di corteggiare sua figlia. Marussa, però, è innamorata di Lorenzo e i giovani temono la reazione di Menico; si scambiano dei pegni d'amore: Marussa dona a Lorenzo un cuoricino d'oro, mentre questi la contraccambia col suo orecchino; i due vengono però scorti da Menico, il quale scaccia Lorenzo, nonostante egli proclami le sue buone intenzioni verso Marussa.

Atto secondo

Menico e Biagio cercano il dono fatto da Lorenzo a Marussa per rimandarlo al giovane, cosicché questi pensi di essere stato ripudiato e si ritenga sciolto da ogni giuramento. Finalmente Biagio trova l'orecchino e lo recapita a Lorenzo per mezzo dell'inconsapevole Luze, ritornando poco dopo con il cuoricino; Marussa si dispera, credendosi abbandonata da Lorenzo e, all'arrivo del padre, gli comunica che accetterà di sposare Nicola. Si brinda al nuovo fidanzamento; improvvisamente si ode Lorenzo intonare una canzone di scherno all'indirizzo di Marussa e l'atto si chiude con Bara Menico, fuori di sé dall'ira, che vorrebbe catturare il giovane.

Atto terzo

Luze giunge a casa di Marussa; questa cerca l'orecchino di Lorenzo e vorrebbe che Luze glielo riportasse ma non lo trova più e, grazie alle spiegazioni di Luze, comprende tutto. Allora la incarica di chiamare Lorenzo, il quale, giunto poco dopo, apprende da Marussa l'accaduto. La donna vorrebbe fuggire con lui, ma Lorenzo pretende che lei abbia prima un chiarimento con Nicola. Lorenzo si nasconde e, quando arriva Nicola, Marussa cerca di spiegargli tutto. Ma Nicola non intende cederla a Lorenzo che, improvvisamente, balza fuori affrontando il rivale ma viene colpito a morte.

LA SAGRA DI VALAPERTA
(Alessandro Cortella – Filippo Brunetto, 9 maggio 1895)*

LA SAGRA DI | VALAPERTA | DRAMMA LIRICO IN UN ATTO | DI |

ALESSANDRO CORTELLA | MUSICA DI | FILIPPO BRUNETTO | MILA-
NO | EDOARDO SONZOGNO, EDITORE | 14 – Via Pasquirolo – 14 |
1895.

IL CAPOCONFRATERNITA		B
SGALISA	campanaro gobbo	T comico
LALLA		S
IL BULO detto IL BERSAGLIERE		T dr
NANNA detta LA ROSSA		Mzs
IL TON DEL VELO		Br
PIPETTA		T
MARASCA		Br

FOROSETTE	
VECCHIE PINZOCCHERE	} Coro
CONSORELLE	Soprani e Contralti
CALAFATI	
PESCATORI	} Coro
MERCIAJOLI	Tenori, Baritoni
CONFRATELLI	e Bassi
MONELLI	} Coro
CHIERICHETTI	Ragazzi

L'azione si svolge sulla Riviera Ligure, a [sic] giorni nostri.

Atto unico

In attesa che si svolga l'«incanto del Cristo», una competizione che mette in palio l'onore di portare la statua di Gesù in processione, il Bulo corteggia scherzosamente Nanna, la donna di cui è innamorato il Ton; ma in
realtà il Bulo ama Lalla e questo desta la gelosia dell'altra donna che continua a respingere il Ton. Si apre la gara e, dopo un alternarsi di offerte fra
il Ton e il Bulo, quest'ultimo ha la meglio. Nanna allora provoca il Ton, affinché si faccia valere nei confronti di chi lo ha sconfitto: l'uomo, eccitato
dalle promesse d'amore di Nanna e stordito dal rum, si avventa sul Bulo,
lo colpisce mortalmente alle spalle e fugge, subito inseguito dalla folla.

* Con una prefazione, presumibilmente del librettista.

AL CAMPO
(Romano Romanini – Romano Romanini, 2 maggio 1895)

ROMANO ROMANINI | AL CAMPO | Melodramma in un atto | Primavera
1895 – TEATRO GUILLAUME – Primavera 1895 | BRESCIA | Tip. del
giornale «La Provincia di Brescia»

MASO	vecchio militare in congedo, padre di	1° B ass
BEPPE	cacciatore, e di	1° Br ass
GIOVANNI	sergente dell'armata Imperiale	1° T ass
ROSA	figlia adottiva di Maso	1° S ass
INES	contadina	Mzs
LISA ISIDORO	} contadini	

SOLDATI di diversi reggimenti – CONTADINI | CONTADINE – GENDARMI – VECCHI, monelli, ecc. | Epoca 18... | L'azione ha luogo in un villaggio Cisalpino.

Atto unico

Nella piazza del villaggio si festeggia e si attende il passaggio dei soldati della vicina caserma. Solo Beppe, segretamente innamorato di Rosa, si duole della sua situazione. Rosa e Giovanni si incontrano e si esprimono il loro reciproco affetto, ma la donna è vittima di un triste presentimento. Giunge Beppe che assiste alla scena e, geloso, ferisce a morte Giovanni con un colpo di fucile sotto gli occhi impotenti della disperata Rosa. Giungono Maso, la gente del paese e infine Beppe, accompagnato da due gendarmi: solennemente, Maso maledice il figlio assassino.

MARIEDDA
(Alfredo Silvestri – Gianni Bucceri, 28 maggio 1895)*

MARIEDDA | ATTO UNICO | in due parti | DI | ALFREDO SILVESTRI | Musica di GIANNI BUCCERI | rappresentata la prima volta al Nazionale di Catania | nella stagione di Primavera 1895. | NAPOLI | TIPOGRAFIA CAV. AURELIO TOCCO | S. Pietro a Maiella, 31 | 1896.

MARIEDDA	giovane contadina
NENE	sua amica
PIERO	giovane contadino
DON ANTONI	ricco proprietario

Coro di contadini e contadine | L'azione ha luogo in campagna presso un piccolo paese | delle Calabrie, sul golfo di Squillace: epoca presente.

Parte prima

Mariedda confida all'amica Nena i suoi timori per le insidie di Don Antoni, ma non vuole parlarne all'amato Piero, per timore che l'uomo si comprometta. All'arrivo di Piero, Mariedda, turbata, gli chiede di partire con lei.

Parte seconda

Don Antoni incontra Mariedda e tenta nuovamente di insidiarla, ma la donna si impossessa del pugnale dell'aggressore e lo uccide. Giunge Piero che, resosi conto dell'accaduto, raccoglie il pugnale accusandosi del delitto par salvare Mariedda.

* Il libretto reperito è relativo a una recita napoletana successiva alla prima assoluta.

PARON GIOVANNI
(A. Rossi – Antonio Castracane, 28 settembre 1895)

PARON GIOVANNI | PAROLE DI A. ROSSI | MUSICA DI | A. CASTRACANE | FANO | SOCIETÀ TIPOGRAFICA COOPERATIVA | CON LEGATORIA | 1895

PARON GIOVANNI detto Caccialepre		Br
ROSELLA	sua figlia	S
ROBERTO		T
PIERO		Br
GASPARE	oste	B

Un prete, popolani, marinai, carpentieri, ragazzi | La scena si svolge in un piccolo porto delle Marche | Epoca presente.

Roberto, innamorato di Rosella, è ritornato e ha intenzione di sposarla, ma il padre di lei si rifiuta inspiegabilmente di acconsentire alle nozze. Mentre Roberto cerca, invano, di convincere Giovanni, Piero, anch'egli innamorato di Rosella, provoca il vecchio, che viene difeso da Roberto, e fa capire al giovane che Caccialepre è al corrente di molte cose, riguardo all'assassino di suo padre, assassino che Roberto ha giurato solennemente di trucidare. Finalmente Giovanni si confessa: fu lui l'uccisore, poiché il padre di Roberto, che una volta era suo amico, aveva sposato la donna che anche lui amava. Roberto allora lo affronta con un coltello, ma l'arrivo di Rosella fa cessare la sfida. Roberto vuole rompere il legame con Rosella che, all'oscuro di tutto ciò che è successo, si dispera. Giovanni, allora, fugge e Rosella perde i sensi per l'emozione. Quando si riprende viene affettuosamente consolata da Roberto, che ancora l'ama. Improvvisamente una voce annuncia che un uomo si è gettato fra gli scogli: Paron Giovanni viene portato in scena, ferito gravemente: mentre tutti gli si fanno attorno, questi pone la mano di Rosella in quella di Roberto e, subito dopo, muore.

CLAUDIA

(G. D. Bartocci Fontana – Gellio Benvenuto Coronaro, 5 novembre 1895)

CLAUDIA | DRAMMA LIRICO IN DUE ATTI | DI | D. G. [sic] BARTOCCI FONTANA | MUSICA DI | GELLIO BENVENUTO CORONARO | MILANO | EDOARDO SONZOGNO, EDITORE | 14 – Via Pasquirolo – 14 | 1894.

PAPÀ REMIGIO
CLAUDIA
SILVIO
ROSA
DIONIGI RONCIAT

MIETITORI E MIETITRICI – COMARI. | La scena è nella fattoria dei Boissons in Bretagna.

Atto primo

All'interno di una masseria si sta preparando una festa; Rosa cerca di consolare Silvio offrendogli il suo affetto, ma il giovane rifiuta dolcemente. Giungono i mietitori, fra cui Claudia e il nonno Remigio, per essere pagati, e viene offerto loro di trattenersi per la notte; Silvio pare molto interessato alla giovane lavorante che però lo ignora. Giunge Ronciat, corteggiatore di Rosa, e si accorge di Claudia: i due evidentemente si conoscono anche se Ronciat tenta dissimulare la cosa. Ha inizio la festa nel corso della quale Remigio, che pure ha riconosciuto Ronciat, comincia a bere smodatamente e sta per attaccare briga con l'uomo, ma si sente male e sviene dopo avere affidato la nipote a Silvio.

Atto secondo

Dopo due mesi, Remigio è ancora malato ed è rimasto alla masseria con Claudia. Rosa intuisce che Silvio è innamorato della serva e non vuole accettarlo; arriva Ronciat che, appresi da Rosa i sentimenti di Silvio, ironizza provocando la reazione di Silvio che domanda a Ronciat se sia stato l'amante di Claudia; Ronciat nega decisamente cercando di calmare Silvio e se ne va. Giunge Claudia; nonostante l'amarezza per ciò che ha intuito, Silvio le proclama il suo amore e le chiede di sposarlo, ma la giovane rifiuta e, saputo che Ronciat sposerà Rosa, preferisce confessare il proprio passato piuttosto che permettere che l'uomo getti il disonore anche nella loro famiglia: confessa di essere stata l'amante di Ronciat che l'ha abbandonata dopo averle dato un figlio in seguito morto. Alle ultime parole di Claudia entra Remigio che ode tutto e scaccia Claudia maledicendola. Giunge Ronciat e Remigio, al colmo del furore, gli salta addosso e lo strangola. Poi affida la nipote a Silvio e muore.

NOZZE!...
(F. Rizzetti – Enrico Loschi, 27 novembre 1895)

NOZZE!... I AZIONE LIRICO-DRAMMATICA IN DUE ATTI I MUSICA I DI I ENRICO LOSCHI I PROPRIETÀ DELL'AUTORE

MASTRO PIERO		B brill (o Br)
LUCIA	sua figlia (fidanzata a Lodovico)	S
BEPPE	marinaro	T
PIEVANO		B profondo
GHITA	amica di Lucia	Mzs
MASO	amico di Beppe	2° Br
TONIO	amico di Mastro Piero	2° B

Cori: Compagne di Lucia, Pescatori, Popolani, Ragazzi I L'azione si svolge in un villaggio ligure sulla spiaggia del mare I al principio del secolo.

Atto primo

Mastro Piero sta preparando le nozze della figlia col ricco Lodovico e la fanciulla è invidiata da tutti. Rimasta sola, ricorda Beppe, l'uomo che nonostante tutto ancora ama ed è combattuta fra i ricordi e il legame che sta per stringere con Lodovico. Dopo che Lucia è entrata in casa, arriva Beppe; gli amici gli dicono che sua madre è appena morta. Frattanto si odono i festeggiamenti per le nozze: il marinaio si allontana, deciso a fermare Lucia.

Atto secondo

Mentre si allontana il corteo funebre che trasporta la madre di Beppe, questi affronta Lucia e la rimprovera di non avere mantenuto fede alle promesse; la trascina verso gli scogli e la fanciulla, sentendosi in pericolo, cerca di calmare l'uomo con la promessa di fuggire con lui. Beppe è quasi vinto dalle lusinghe, ma subito si ode la voce di Lodovico, che sta sopraggiungendo in barca: il marinaio afferra Lucia e si getta con lei nel mare.

DRAMMA IN VENDEMMIA
(E. R. – Vincenzo Fornari, 13 febbraio 1896)

DRAMMA IN VENDEMMIA I BOZZETTO IN UN ATTO I VERSI DI E. R. I MUSICA DEL M.° I VINCENZO FORNARI I FIRENZE I TIPOGRAFIA DI A. FRANCOLINI I 4 – Via Condotta – 4 I 1896

SANDRO	fattore di campagna	
MARIA	madre di	
CELESTE		
BEPPE	sotto-fattore	
RITA	contadina	

Coro di contadini e contadine | Comparse di ragazzi d'ambo i sessi | La scena è in una campagna della Toscana | Epoca: principio del secolo attuale | Rappresentata per la prima volta | al R. Teatro Pagliano di Firenze l'8 febbraio 1896.*

Il fattore Sandro, che ha cresciuto come una figlia Celeste, teme che la madre di lei, la quale ebbe la bambina dopo essere fuggita con un altro uomo e successivamente la abbandonò, possa rifarsi viva da un momento all'altro e pretenda di riprendersi Celeste. Giunge infatti Maria che, pentita di tutto il suo passato, vorrebbe condurre Celeste con sé al capezzale del padre che sta per morire. Celeste, appresa la sua vera storia, esita, legata com'è a Sandro e a Beppe che ama e col quale è cresciuta. Maria se ne va sconsolata, comprendendo di non potere accampare alcuna pretesa verso Celeste; non appena la donna riparte, Sandro si rende conto che Celeste deve in ogni caso seguire la madre e vorrebbe richiamare Maria, ma non fa in tempo: la donna si getta da un precipizio.

* Sic; per le cronologie: 13 febbraio.

PADRON MAURIZIO
(Achille Guidi – Giovanni Giannetti, 26 settembre 1896)*

PADRON MAURIZIO | DRAMMA LIRICO IN DUE ATTI | DI | ACHILLE GUIDI | MUSICA | DI | GIOVANNI GIANNETTI | FIRENZE | TIPOGRAFIA GALLETTI E COCCI | 1894

MAURIZIO	padrone di barca	Br
LUCIA	sua figlia	S
GIORGIO	figlioccio di Maurizio	T
VALERIO	giovane benestante	Br

CORI | Marinai e loro donne – Popolani | Amici di Maurizio Fanciulle del popolo | COMPARSE | Gendarmi | L'azione ha luogo presso un paesetto della riviera ligure | nel secolo passato. Dopo il primo atto passano due anni.

Atto primo

Si celebra il funerale della madre di Giorgio; Maurizio e Lucia consolano il giovane che decide di partire e palesa il suo amore a Lucia la quale, però, tace. Quindi le dà in pegno una croce. Rimasta sola Lucia, giunge Valerio, che con insolenza cerca di abbracciarla e baciarla; Lucia ne è affascinata, è per lui che ha rifiutato l'amore di Giorgio, ma vorrebbe che Valerio la sposasse, cosa di cui egli non ha minimamente intenzione. Entra Padron Maurizio, e Valerio si nasconde nella stanza di sopra. Dopo un breve colloquio col padre, Lucia sale a preparare la cena; a un tratto grida: Maurizio accorre e viene colpito da una fucilata.

Atto secondo

Giorgio è tornato e sta per sposare Lucia, accompagnata da Padron Maurizio, divenuto cieco. La donna è triste e Giorgio ne chiede la ragione; allora questa gli racconta cosa successe due anni prima. Giorgio non le crede e la pensa ancora innamorata di un altro ma, per l'affetto e la riconoscenza che prova per Maurizio, accetta ugualmente di sposarla. Ritorna frattanto Valerio, deciso a riprendersi la ragazza: Lucia lo respinge, gli sfila il coltello e lo trafigge. All'accorrere dei gendarmi, Lucia e Giorgio cercano di nascondere il fatto a Padron Maurizio che però, resosi conto dell'accaduto, sviene fra le braccia di Giorgio.

* Con una prefazione del librettista.

A «SAN FRANCISCO»
(Salvatore Di Giacomo – Carlo Sebastiani, 13 ottobre 1896)

A «SAN FRANCISCO» | SCENA LIRICA NAPOLETANA | di | S. di Giacomo | MUSICA DEL MAESTRO | CARLO SEBASTIANI | NAPOLI | LUIGI PIERRO, TIPOGRAFO-EDITORE | Piazza Dante 76 | 1896

O SI' GIUVANNE ARICIETTO
TORE PAZZIA
DON BEPPE «'o milanese carceriere»
NU GUAGLIONE
1.° CARCERATO
2.° CARCERATO
UN SECONDINO

CARCERATI, UN FORZATO DI PASSAGGIO DAL | BAGNO DI POZZUOLI, AIUTANTI CARCE-| RIERI. | La scena segue in una stanza del carcere di | S. Francesco a Napoli. Intorno al 1860. | Rappresentata per la prima volta al Mercadante di | Napoli, già Fondo, la sera del 13 ottobre 1896

Nel carcere napoletano di San Francisco arriva il detenuto Giovanni Aricietto; questi, rimasto solo con Tore, gli dice di essere stato incarcerato per un delitto d'onore, avendo ucciso la moglie che lo tradiva da un anno. Tore capisce che Giovanni è a conoscenza della sua relazione con la moglie, si accende una lotta e Tore viene ucciso con una coltellata. Entrano i secondini e portano via l'omicida.

DOPO L'AVE MARIA
(Giovanni Arrighi – Alfredo Donizetti, 21 ottobre 1896)

DOPO L'AVE MARIA | DRAMMA IN UN ATTO | DI | GIOVANNI ARRIGHI | Musica del Maestro | ALFREDO DONIZETTI | PREMIATO CON MENZIO-NE ONOREVOLE DI PRIMO GRADO | (Concorso Steiner di Vienna) | Eseguito con successo per la prima volta al Teatro Filodrammatici di Milano | Autunno 1896 | MILANO | PREMIATA COPISTERIA E CALCOGRA-FIA MUSICALE | di ROMUALDO FANTUZZI | 26 – Via Pantano – 26

PADRON MARZIALE		Bs
BEPPE	guardiacaccia	Br
GIANNI	contadino	T
RITA	moglie a Marziale	S
NENA	} contadine	Mzs
GHITA		Comp

La scena è un villaggio della Toscana. | Epoca presente

Atto unico

Nena è innamorata di Gianni che non la ricambia e, anzi, si prende gioco di lei. Gianni se la intende con Rita, moglie di Padron Marziale, il quale ha intuito la situazione e incarica Beppe di vendicarlo uccidendo i due amanti. Frattanto Beppe racconta a Rita la storia di Maria, la fanciulla cresciuta con lui, che venne un giorno violentata da un uomo rimasto sconosciuto. La poveretta impazzì, morendo poco tempo dopo. Gianni e Rita si incontrano ma vengono colti da Marziale che sta per fare intervenire Beppe, armato; ma questi, a sorpresa, colpisce Marziale: fu proprio Marziale, infatti, il seduttore di Maria, finalmente vendicata.

LA COLLANA DI PASQUA
(Luigi Illica – Gaetano Luporini, 1° novembre 1896)

LA | COLLANA DI PASQUA | Scene liriche in tre atti | DI | LUIGI ILLICA | MUSICA DI | GAETANO LUPORINI | R. TEATRO MERCADANTE – NA-POLI | Stagione di autunno 1896. | R. STABILIMENTO TITO DI GIO. RI-

CORDI E FRANCESCO LUCCA I DI I G. RICORDI & C. I Editori Stampa-
tori I MILANO – ROMA – NAPOLI – PALERMO – PARIGI – LONDRA I
(PRINTED IN ITALY)

PASQUA DE' FIORI
ANACLETO FANDIGLI   carboniere
DREA   il figurinaio
MARA NASTAGIA
NENNA
TADDEO   sagrestano

La scena si svolge nella campagna toscana in un paese a monti. I Azione
contemporanea.

Atto primo

Drea vuole interrompere la sua relazione con Pasqua e sposare Nenna,
perciò medita di rendere la collana avuta dalla donna in pegno. Pasqua
dà un appuntamento a Drea: l'uomo le esprime i suoi rimorsi per aver
tradito la fiducia di suo marito Anacleto e le fa capire di voler chiudere la
storia; tuttavia non ha il coraggio di renderle il pegno.

Atto secondo

Drea e Nenna si devono sposare: Pasqua ha uno scontro con la rivale:
rimasta sola all'esterno della chiesa in cui si fanno le pubblicazioni per il
futuro martrimonio, giura di vendicarsi. Nastagia, che era stata incaricata
di rendere la collana a Pasqua, giudica più prudente sospendere la cosa,
nel timore che possa scoppiare uno scandalo.

Atto terzo

Pasqua sembra finalmente rassegnata a perdere Drea: Nastagia pensa
allora sia giunto il momento di renderle finalmente la collana, ma Pasqua
rimanda la cosa e le chiede che la collana le venga resa quando Drea e
Nenna saranno in chiesa. Rimasta sola, Pasqua decide di svelare tutto al
marito, affinché abbia fine una menzogna per lei intollerabile; prima vorrebbe trattenere in casa Anacleto, per fargli udire il colloquio con Nastagia; poi cambia idea e chiama Taddeo escogitando uno stratagemma: dice al sagrestano che Nastagia le deve rendere una collana rubatale da
qualcuno che Pasqua sospetta essere stata proprio Nastagia. Perciò prega Taddeo di istruire Anacleto affinché, quando Nastagia entrerà in casa,
egli le dica: «So tutto!», e faccia confessare la donna. Il fine di Pasqua è
che Nastagia equivochi sulla frase, ritenga Anacleto al corrente della tre-

sca fra Pasqua e Drea, e gli racconti tutto, mettendo fine alle menzogne. Arriva Nastagia, ma non appena Anacleto dice la frase, questa riesce a intuire che c'è sotto qualcosa e se la cava, inventando che la collana si era rotta e che era stata incaricata di farla aggiustare, di nascosto; quindi gliela rende. Non appena Pasqua, parlando col marito, si rende conto che questi non sa ancora niente, decide di non fargli passare un dolore tanto grande e rinuncia al proposito di svelargli la colpa. Poi si avvelena e, uscita di casa con le ultime forze rimaste, stramazza ai piedi di Nenna e Drea.

SACRIFICIO!
(Antonio Menotti Buja – M. Almada, 1897?)

ANTONIO – MENOTTI BUJA | SACRIFICIO! | SCENE LIRICHE IN UN ATTO | Musica di M. Almada | NAPOLI | Tipografia Melfi & Joele | Palazzo Maddaloni a Toledo | 1897

ANDREA	T
IL CONTE GERMANO	Br
MADDALENA	S

CORO DI PESCATORI | L'azione ha luogo a Sorrento, verso il 1750.

Atto unico

Maddalena sta attendendo che ritorni dalla pesca l'amato Andrea; giunge Germano che corteggia la giovane, ma si allontana all'arrivo di Andrea. Questi regala a Maddalena una cassetta che ha raccolto in mare e che contiene delle gemme. Germano osserva la scena e riconosce fra i gioielli una collana che gli era stata sottratta; Andrea comprende di avere inconsapevolmente raccolto della refurtiva e si giustifica con la donna e col Conte, ma questi lo fa arrestare. Rimasto solo con Maddalena, Germano le propone di salvare Andrea purché ella accetti il suo amore. Andrea viene liberato, riconociuto innocente del furto; alla vista dell'amato, Maddalena sfugge a Germano e, affranta dal disonore, si getta in mare.

ROSEDDA
(Lazzaro Brezzoni – Nino Alassio, 20 febbraio 1897)

ROSEDDA | MELODRAMMA IN TRE ATTI | DI LAZZARO BREZZONI |

MUSICA DI | NINO ALASSIO | GENOVA | EDIZIONE DELL'AUTORE* |
1897

BASTIANU	possidente	B
ROSEDDA	figlia di Bastianu	S
MATEA	vedova di Tunali	C
LILLICU (FRANCESCO)	figlio di Matea	T
VATORI (SALVATORE)		Br

CORI | Contadini – Contadine – Ragazze, ecc. | L'azione si svolge in un vil-
laggio della Gallura, in Sardegna. | Epoca presente.

Atto primo

Matea e il nipote Vatori discutono animatamente: il giovane è innamorato di Rosedda e teme che il padre della ragazza possa acconsentire alle
sue nozze con Lillicu; Matea lo assicura che mai ella permetterà al figlio
di sposare quella donna e istiga Vatori a darsi da fare per portare a termine la sua conquista rapendo Rosedda. Lo spasimante inizia a cantare una
serenata all'amata, ma viene cacciato da Bastianu. Matea cerca di convincere Lillicu a rinunciare a Rosedda e a vendicare la morte del padre;
vista la fermezza del giovane, Matea cambia tattica fingendo di perdonare e di dimenticare tutti i rancori passati. Rimasta quindi sola con Vatori,
di nuovo lo incita alla vendetta.

Atto secondo

Lillicu sta per bussare alla porta di Rosedda ma viene interrotto dall'arrivo di Vatori che gli vuole parlare: questi lo esorta a lasciargli Rosedda e
lo minaccia, ma Lillicu non raccoglie le sue provocazioni. L'alterco viene
interrotto da Rosedda stessa e da Bastianu che vuole scacciare Vatori:
improvvisamente, però, quest'ultimo si pente sinceramente del suo comportamento e invoca il perdono di tutti. Avendo compreso di non poter
contare sull'aiuto del debole Vatori, Matea fa opera di avvicinamento verso Bastianu e benedice il legame del figlio con Rosedda: Matea e Bastianu concertano allora lo sposalizio che sancirà la pace fra le due famiglie,
un tempo rivali, e tutti si preparano alla festa.

Atto terzo

Nel corso dei festeggiamenti, Matea abbraccia la sposa e la trafigge con
un pugnale. Tutti maledicono allora l'omicida e invocano la pietà di Dio.

* In una pagina successiva riporta «Genova, R. Stab. Tipo-Litografico P. Martini».

REFUGIUM PECCATORUM*
(Luigi Sugana – Ausonio De Lorenzi-Fabris, 25 febbraio 1897)

REFUGIUM PECCATORUM | (SCENE POPOLARI) | OPERA | DIVISA IN DUE PARTI | MUSICA DI | A. DE LORENZI FABRIS | PAROLE DI | L. SUGANA | VENEZIA | Prem. Stab. Tipo-Litografico C. Ferrari | 1896

NELLA	giovane popolana	S
PAPÀ SIMON	vecchio pilota	Br
GIGI	pescatore (suo figlio)	T
UN MEDICO		B
EL CUPIDO	cantastorie (vecchio)	
TONIN	(giovane)	
BERTO	(vecchio)	
UN FANCIULLO		
FELIPA	(di mezza età)	
ZANZE	(giovane)	
UN ARMATORE		
UN PITTORE	da vele (personaggio che non parla)	

CORO | DI POPOLANE E PESCATORI | L'azione si svolge a Chioggia (epoca presente).

Parte prima

Nella laguna si attende allegramente l'arrivo dei pescatori. Ad un tratto compare Nella, una infelice demente che ricorda il suo piccino morto. Il vecchio Simon, restato solo col medico, racconta la storia di Nella: egli la raccolse, orfana di un suo fraterno amico morto in mare, facendola crescere assieme a suo figlio Gigi a cui sembrava destinata in sposa; questi partì soldato e adesso, di ritorno dopo il congedo e dopo essersi imbarcato coi pescatori del posto, ignora la sorte della fanciulla che ha perso il senno. Arrivano i pescatori con Gigi e il vecchio Simon cerca di dissimulare di fronte al figlio la propria inquietudine; messo alle strette, è costretto a raccontare ciò che successe durante l'assenza del giovane: Nella fu sedotta da un pittore forestiero ed ebbe da lui un bambino, morto dopo appena un mese dalla nascita; per questa sciagura Nella perdette il senno. Simon esorta Gigi a perdonare l'infelice ma questi rifiuta; frattanto, il medico annuncia che Nella è fuggita improvvisamente.

Parte seconda

Nella, affamata e infreddolita, non sa dove andare a trascorrere la notte ed entra nella barca di Gigi dove si addormenta. Arriva l'uomo che, non accorgendosi della donna, cercatala invano, la maledice. Nella ode le parole di Gigi ed esce dalla barca; poi, riconosciutolo, sviene. Gigi tenta di far riprendere Nella e la perdona. Nella riacquista il senno ma, sentendosi vicina a morire, implora Gigi di essere sepolta accanto al suo bambino.**

* Il titolo dell'opera deriva dall'iscrizione scolpita sul basamento della statua della Madonna che troneggia sulla scena.
** Il libretto riporta un «Secondo finale» che introduce alcuni elementi di sdrammatizzazione nella conclusione della vicenda.

LENA
(Torquato Zignoni – Torquato Zignoni, 24 aprile 1897)

LENA I DRAMMA LIRICO IN TRE ATTI* I AZIONE E MUSICA I DI I TORQUATO ZIGNONI I (Nella verseggiatura l'autore ebbe in parte a collaboratore ANGELO MENIN). I VERONA I STABILIMENTO TIP. DI I G. CIVELLI I 1897.

SIMONE	vecchio pastore	B
GRAZIUCCIA	sua figlia	S
LENA	giovane ostessa	Mzs
CICCILLO		T

Pastori, carbonai, mulattieri, mugnai, minatori – Donne – Ragazzi I – alcuni arabi girovaghi – Un prete ed uno scaccino. I L'azione si svolge in un villaggio di montagna negli Abruzzi. I EPOCA MODERNA.

Atto primo

Nell'osteria di Lena si sta scherzando allegramente e si festeggia la partenza di Ciccillo per la leva. Lena fu un tempo amante di Ciccillo, ma questi ora ama un'altra; la donna lo minaccia fieramente, ma egli accampa i suoi diritti di libertà e, dopo averla gettata a terra, si allontana. Graziuccia e Ciccillo si incontrano e la ragazza esprime la sua pena per la partenza dell'amante che la rassicura con affetto.

Atto secondo

Simone e Gaziuccia piangono la morte in battaglia di Ciccillo. Lena vede Graziuccia che sta andando a pregare e medita di vendicarsi; la avvicina e prima le dice che Ciccillo non è morto, poi le aggiunge che si è fatto disertore per una donna. Graziuccia maledice Ciccillo e poi, al culmine dell'emozione, sviene.

Atto terzo

Graziuccia è morta. Giunge Ciccillo, di ritorno dalla guerra; appresa la notizia della morte di Graziuccia, intuisce che Lena è la causa di tutto e la accusa. Messa alle strette Lena confessa il suo delitto e viene colpita a morte da Ciccillo.

* Una seconda versione del melodramma, sostanzialmente identica alla prima, comprende due anziché tre atti. L'edizione riporta la data 1900.

NUNZIELLA
(Giovanni Vaccari – Alfonso Miglio, 28 giugno 1897)

NUNZIELLA I DRAMMA LIRICO I DI I GIOVANNI VACCARI I MUSICATO DAL I M.° ALFONSO MIGLIO I MILANO I TIPOGRAFIA FRATELLI TREVES I 1897.

NUNZIELLA	giovane popolana
GRAZIA	ostessa
TORE	marinaio
COLA	padrone di barca
PASCÀ	marinaio

Coro di popolani, popolane, pescatori, marinai. I L'azione si svolge su la Marinella di Napoli.

Atto primo

Grazia è innamorata di Tore ma l'uomo la sfugge perché è legato a Nunziella, la quale a sua volta respinge il promesso sposo, Cola. Tore e Nunziella si danno un appuntamento notturno, ma Grazia li ascolta e riferisce il fatto a Cola.

Atto secondo

Tore e Nunziella si incontrano; giunge anche Pascà, portando la notizia che il padre di Nunziella insiste nel suo proposito di voler dare la figlia a Cola. I due amanti decidono di fuggire. Giungono Grazia e Cola e osservano in disparte la scena. Cola però, invano trattenuto da Grazia, irrompe furioso con un pugnale e colpisce prima Nunziella, uccidendola, poi Tore.

DRAMMA
(Ferruccio Rizzatti – Ferruccio Zernitz, 14 settembre 1897)

DRAMMA | AZIONE LIRICA IN UN ATTO | DI | FERRUCCIO RIZZATTI | MUSICA | DI | FERRUCCIO ZERNITZ | PARMA | L. BATTEI, EDITORE | Estate 1897.

BIANCA		Mzs
NELLA	sua sorella	S
MARIO	sposo di Nella	T
SERGIO	cugino di Mario	Br

Coro interno. | Guide alpine e portatori che non parlano. | L'azione si svolge sur [sic] una vetta alpina. | Epoca presente.

Atto unico

In cima a una montagna delle Alpi giungono Mario e Nella: i due sposi, seguiti da amici e guide, hanno deciso di scegliere il rifugio vicino come meta del loro viaggio nuziale. Una volta giunti, mentre Mario e Sergio entrano nel rifugio, Nella resta con Bianca; questa è triste per la sua sorte e ne rivela alla sorella il motivo: amava Mario e lei glielo ha rubato. Nella, ignara dei sentimenti di Bianca, le chiede perdono, ma la sorella, al colmo della disperazione, sentendo la voce di Mario che chiama la sposa, getta Nella nel precipizio simulando, all'accorrere degli altri, una disgrazia.

ROSELLA
(P. Dessannai – P. Gallisay, 2 ottobre 1897)

ROSELLA | MELODRAMMA IN TRE ATTI | PAROLE DI | P. DESSANNAI | MUSICA DEL MAESTRO | P. GALLISAY | Tratto dal romanzo Don Zua, di A. Ballero. | Prima esecuzione: | TEATRO SOCIALE DI VARESE | Grande Stagione autunno 1897. | Officine G. RICORDI E C. | MILANO.

ROSELLA	giovine popolana benestante
MARCO SANTORU	vecchio agricoltore benestante, padre di Rosella
DON ZUÀ	giovine, nobile campagnolo
PIETRO BARACCA	mezza età, amico dei precedenti
SAVINA	
SECONDA AMICA	} giovani popolane, amiche di Rosella
TERZA AMICA	

Contadini, Pastori, Venditori ambulanti | Fantini, Confraternite religiose, Studenti in uniforme | Ragazzi, Ragazze, ecc. | Epoca presente – in Sardegna.

Atto primo

Don Zuà corteggia Rosella, la quale risponde con una certa civetteria alle profferte amorose dell'uomo.

Atto secondo

Zuà, Rosella e Marco vanno a San Mauro a rendere onore al santo. Zuà propone alla donna di sposarlo ed ella, lusingata, accetta.

Atto terzo

Rosella sta piangendo: malgrado le promesse, Zuà l'ha abbandonata per sposarsi con una donna di città; si viene a sapere addirittura che i due sposi stanno arrivando in paese. Si ode la marcia dello sposalizio e Rosella, fuori di sé, prende un fucile sparando in direzione di Don Zuà, poi crolla anch'ella a terra, morta.

IL VOTO
(Nicola Daspuro – Umberto Giordano, 10 novembre 1897)

IL VOTO | MELODRAMMA IN TRE ATTI | VERSI DI | N. DASPURO | MUSICA DI | UMBERTO GIORDANO | MILANO | EDOARDO SONZOGNO, EDITORE | 14 – Via Pasquirolo – 14 | 1894.

VITO AMANTE		T
CRISTINA		S
AMALIA		Mzs
MARCO	barbiere	Br
NUNZIA	pettinatrice	Mzs

Popolani e popolane, garzoni tintori e ragazzi. | La scena è in Napoli verso il 1810.

Atto primo

Vito è sofferente di tisi; dopo l'ennesima crisi, e in preda ai rimorsi per gli errori commessi nella vita che vede rispecchiarsi nel suo malessere fisico, fa un voto a Gesù: se lo farà guarire, egli sposerà una 'donna tradita' in segno di espiazione. Anche Cristina assiste commossa alla scena. Dopo un colloquio con Marco, Vito avvicina Cristina con una scusa: l'uomo ascolta il racconto di Cristina, la sua infelice storia di donna abbandonata, e la corteggia, offrendosi di sposarla. Dopo l'intervento di Marco che con la sua ironia fa arrabbiare Vito, i due amanti riprendono il loro colloquio d'amore.

Atto secondo

Amalia, amante di Vito, non sa rassegnarsi all'idea che questi sposi Cristina; fa venire la donna a casa sua, pregandola di rinunciare a Vito e offrendole dell'oro in cambio, ma questa rifiuta con decisione. Partita Cristina, giunge Vito che, dapprima, si mostra risoluto nel suo proposito di sposare Cristina, ma poi cede di nuovo alla seduzione di Amalia.

Atto terzo

Ora Vito è stanco di Cristina e vuole lasciarla, malgrado questa lo implori di non abbandonarla. Giunge Amalia, che si porta Vito con sé per una gita. Cristina, disperata, si getta da un ponte nel fiume.

L'ARLESIANA
(Leopoldo Marenco – Francesco Cilea, 27 novembre 1897)

L'ARLESIANA I OPERA IN QUATTRO ATTI I DI I LEOPOLDO MAREN-CO I MUSICA DI I FRANCESCO CILEA I MILANO I EDOARDO SONZO-GNO, EDITORE I 14 – Via Pasquirolo – 14.

ROSA MAMAI	madre di	Mzs
FEDERICO		T
VIVETTA	figlioccia di Rosa	S
BALDASSARRE	vecchio pastore	Br
METIFIO	guardiano di cavalli	B
MARCO	fratello di Rosa	B
L'INNOCENTE		S

CONTADINI, CONTADINE, PASTORI

Atto primo

In una fattoria della Provenza. Rosa e Baldassarre stanno discutendo dell'imminente matrimonio di Federico con una sconosciuta donna di Arles; Rosa ha però incaricato il fratello Marco di chiedere informazioni sulla donna. Arriva Vivetta, segretamente innamorata di Federico, quindi giunge anche quest'ultimo. Infine arriva Marco, portando eccellenti notizie riguardo alla donna di Arles. Mentre si festeggia e si brinda, arriva Metifio, chiedendo di parlare a Rosa: appena solo con questa, le dice che la donna che sta per sposare suo figlio gode di pessima reputazione: Metifio stesso sostiene di esserne stato l'amante, prima che i genitori di lei lo scacciassero, ritenendo Federico un miglior partito. A conferma di quello che dice, Metifio porta delle lettere che lascia a Rosa, perché le mostri a Federico, quindi se ne va. Rosa interrompe allora i festeggiamenti e fa leggere le lettere al figlio, che si dispera.

Atto secondo

Rosa e Vivetta stanno cercando Federico; la madre prega la fanciulla di salvare suo figlio: solo lei, facendolo innamorare di sé, potrà fargli dimenticare l'altra donna. Frattanto l'«innocente», l'altro figlio, demente, di Rosa Mamai, trova Federico. Baldassarre cerca di convincere il giovane a seguirlo sui monti, in modo da dimenticare. Federico viene poi avvicinato da Vivetta che, ingenuamente, gli confida il suo amore, ma viene respinta violentemente. Poi però, davanti all'affetto della madre, che è disposta a fargli sposare l'arlesiana pur di non vederlo in quello stato, Federico accetta l'affetto di Vivetta, nella speranza di poter dimenticare l'altra donna.

Atto terzo

Nella fattoria si stanno preparando le nozze fra Federico e Vivetta. Giunge Metifio e chiede che Baldassarre gli renda le sue lettere; dopo quanto successe, si è rimesso insieme all'arlesiana con la quale conta di fuggire. Federico, riconosciutolo, gli si avventa contro, ma i due vengono divisi. Più tardi, sempre assalito dalla visione dell'arlesiana, che si allontana con l'amante, Federico si slancia verso il fienile e si getta dalla finestra.

STELLA
(Paolo D'Elsa – Camillo De Nardis, 23 maggio 1898)

STELLA I DRAMMA LIRICO IN TRE ATTI I DI I PAOLO D'ELSA I (Da un dramma di F. G. STARACE) I MUSICA DI I CAMILLO DE NARDIS I MILANO I EDOARDO SONZOGNO, EDITORE I 14 – Via Pasquirolo – 14 I 1898.

STELLA	lavoratrice	S
GRAZIA	usuraja	C
ROSETTA	sua figliuola	Mzs
LUIGI	operajo	T

| VINCENZO | ex bandito | Br |
| IL MAESTRO | | B |

Coro di popolani e popolane, fanciulli, ecc. | Epoca presente, in Abruzzo.

Atto primo

Stella, per aiutare il padre malato, va a chiedere denaro a Grazia che glielo rifiuta. Vincenzo, cui un tempo Stella fu legata, vorrebbe riconquistarla, ma ora la giovane è innamorata di Luigi; questi, a sua volta, è amato da Rosetta che, da lui respinta, giura di vendicarsi: Vincenzo promette di aiutarla.

Atto secondo

Il padre di Stella è morto e l'orfana viene confortata da Luigi. Rimasta sola, Stella viene avvicinata da Vincenzo e l'uomo la abbraccia, malgrado le resistenze della ragazza. Grazia osserva la scena e la racconta a tutti, distorcendone il contenuto. Luigi chiede a Stella come siano andate le cose: Stella dapprima nega, poi, per timore che Luigi si comprometta per lei, ammette, mentendo, le sue colpe. Tutti allora le esprimono disprezzo.

Atto terzo

Luigi sta per sposare Rosetta. La cerimonia è interrotta da Stella, sconvolta, che viene duramente cacciata da Luigi. All'oltraggio estremo di Vincenzo, che la deride, Stella estrae un coltello e uccide l'uomo.

UN MAFIOSO
(Giuseppe Bonaspetti – Enrico Mineo, 29 settembre 1898)*

UN MAFIOSO | DRAMMA LIRICO IN DUE ATTI | DI | GIUSEPPE BONA-SPETTI | MUSICA DI | ENRICO MINEO | MILANO | TIPOGRAFIA DEGLI OPERAI (SOC. COOPERATIVA) | Corso Vitt. Eman. 12–16.

GIOACHINO	giovane palermitano	T
DON NUNZIO	direttore del carcere di Palermo	Br
CARCERIERE		B
NIVEA	figlia del carceriere	S

POPOLO, CARCERATI, CONTADINI, ECC. | La scena ha luogo in Palermo. – Ultima epoca Bor- | bonica.

Atto primo

Il popolo, insieme con Gioachino, compiange la morte di un uomo appena impiccato a causa di una delazione da parte di Don Nunzio, che è stato per questo nominato direttore delle carceri. Gioachino ama Nivea, ma si mormora che anche Nunzio ne sia invaghito e corrisposto. Durante un incontro con Nivea, Gioachino si convince che la donna lo ama realmente e che teme soltanto per la sua vita, messa in pericolo dalla frequentazione di compagnie pericolose. Nunzio incontra Nivea e cerca di insidiarla minacciando di fare condannare Gioachino e di licenziare suo padre. Solo l'intervento di Gioachino fa fuggire l'uomo.

Atto secondo

Gioachino è in carcere: Nunzio gli offre la libertà purché egli rinunzi a Nivea, ma il giovane rifiuta con sdegno. Gioachino riceve un paniere che nasconde un coltello. Nivea gli porta la notizia che Nunzio lo vuole incontrare e Gioachino accetta. Nel luogo dell'appuntamento si ode ad un tratto un grido: esce Gioachino, sporco di sangue, che getta a terra il coltello col quale ha appena trucidato il rivale.

* Con una prefazione del librettista.

IN CONGEDO
(Luigi Sbragia – Cesare Bacchini, 1° ottobre 1898)

M.° CESARE BACCHINI I IN CONGEDO I DRAMMA LIRICO IN DUE ATTI I DI I LUIGI SBRAGIA I Dal Dramma in Un Atto «DOPO IL CONGEDO» di I LEOPOLDO MORI I FIRENZE I TIPOGRAFIA BARONI E LASTRUCCI I Via dell'Orivolo [sic], 33 I 1898

NANNI	vecchio operaio	B
GIANNINA	} suoi figli	S
BEPPE		Br
LENA	loro amica e vicina	Mzs
ROBERTO		T

Contadini e Contadine I L'azione si svolge in un paesetto d'Italia. I Epoca presente.

Atto primo

Nanni chiama Lena, affinché accudisca sua figlia che sta sempre più male. La causa di tutto è Roberto, l'uomo che le ha dato una figlia, l'ha abbandonata e ora si accinge a sposare un'altra. Dopo un colloquio con Lena, Giannina incontra Roberto: gli rinfaccia il suo comportamento e chiede pietà, almeno per la figlia, ma questi la lascia in preda al suo dolore. Giunge Beppe, di ritorno dall'Africa, e rimane scosso dalla prostrazione fisica e morale della sorella; Nanni gli racconta il motivo dello stato di Giannina e lo prega di perdonare il seduttore.

Atto secondo

Si festeggia il ritorno di Beppe, ma Giannina non può partecipare all'allegria, così come Nanni. Finalmente, Beppe incontra Roberto e lo insulta rinfacciandogli le sue colpe; questi tenta di placarlo, ma intanto Beppe, comprendendo dalle voci di Nanni e Lena che Giannina sta morendo, lascia il rivale e si precipita in casa. Roberto appoggia una borsa con del denaro e se ne va: Beppe scorge il gesto, afferra la borsa e la scaglia a terra, poi prende un fucile e rincorre Roberto. Si ode un colpo: Beppe ritorna in scena, dicendo di avere ucciso il seduttore.

ROSELLA
(C. A. Blengini – A. Garcia de la Torre, 29 settembre 1899)*

ROSELLA | SCENE LIRICHE DI C. A. | BLENGINI MUSICATE DA | A. GARCIA DE LA TORRE | MILANO | UNIONE EDITRICE MUSICALE | MDCCCXCIX

CARMELA	S dr
ROSELLA	Mzs
VITO	T dr
PASCARIELLO	Br
ASSUNTA	Comp

CORO DI POPOLANI E GITANTI | La scena si svolge in un rione di Napoli. Epoca moderna

Atto unico

Carmela sta pregando la Madonna: giunge il marito Pascariello, mezzo ubriaco, chiedendole dei soldi e i due litigano. L'uomo pare non preoccuparsi più di tanto del fatto che Carmela se la intenda con Vito, ma la avverte che questi sposerà Rosella. Vito, sofferente, esce dalla sua bottega; dalla finestra di una casa, Rosella gli getta una rosa, poi scende per attingere acqua alla fontana. Vito la ferma, la interroga, e la fanciulla gli rivela le sue miserie. L'uomo si offre poi di redimerla, grazie al voto che ha fatto poco prima.** La scena è interrotta da Carmela, e Rosella si allontana. Carmela supplica Vito di rinunciare al suo proposito di sposarsi, ma l'uomo non l'ascolta e, anzi, la deride. Carmela incontra poi Rosella e le chiede di rinunciare a Vito, offrendole del denaro, ma questa rifiuta. Giunge Vito, che udite le minacce di Carmela, chiude Rosella nella bottega, per proteggerla. Rimasta di nuovo sola con Vito, Carmela riprende il suo disperato tentativo di convincerlo a infrangere il voto; lo minaccia anche con un pugnale, vincendo le resistenze dell'uomo. Rosella, che riesce a aprire la porta, interviene: Vito le fa da scudo col corpo e viene colpito; le guardie arrestano Carmela.

* Con prefazione del librettista. Il libretto è un rifacimento di *Nennella*.
** Dal libretto, spesso incongruente, non si evince la natura del voto; per cui non è nemmeno chiarita la situazione generale: non è affatto detto che Rosella sia una 'mala femmina', come è invece in *Nennella*. Inoltre, non si capisce come faccia Pascariello a sapere che Vito sposerà Rosella, se il duetto fra i due segue quello fra Pascariello e Carmela.

CIECO
(Giuseppe De-Bonis – Umberto Candiolo, 13 maggio 1899)

CIECO | Dramma lirico in un atto | DI | GIUSEPPE DE-BONIS | MUSICA DI | UMBERTO CANDIOLO | PADOVA | R. STAB. PIETRO PROSPERINI | 1898

MEMO	il Cieco	T
MARGHERITA	sua moglie	S
NANI	amante di Margherita	Br
SANTINA	matrigna del Cieco	Mzs

(CORO INTERNO)

Atto unico

Margherita è pentita della relazione adultera con Nani e, dopo un burrascoso colloquio con l'amante, decide di scrivergli una lettera con la quale intende troncare il legame. Arriva Nemo che intuisce il turbamento della moglie e riesce a sottrarle il foglio facendosene leggere il contenuto da Santina; affronta quindi Nani e lo pugnala.

FORTURELLA
(Angelo Bignotti – Luigi Pignalosa, 7 novembre 1899)

FORTURELLA | DRAMMA LIRICO IN UN ATTO | dal dramma «DOPO

TRE ANNI» di EDUARDO PIGNALOSA I RIDUZIONE DI I ANGELO BI-
GNOTTI I MUSICA I DI I LUIGI PIGNALOSA I MILANO I TIPOGRAFIA
ALESSANDRO GATTINONI I Via Pasquirolo, 12 I 1899

DON RAFFAELE*
TOTORE
DON SPIRIDIONE
FORTURELLA
DONNA MARIUCCIA
UN BRIGADIERE DEI CARABINIERI

Popolani, Pescatori e Pescatrici, Guardie, Avventori e Monelli. I EPOCA RE-
CENTE I La scena si svolge verso la via della Marinella in Napoli.

Atto unico

Totore, di ritorno dopo tre anni, vorrebbe riprendere la relazione con
Fortura, ma la donna lo evita senza ragione apparente, invitandolo a lasciarla in pace; alle insistenze di Totore, Fortura gli dice, mentendo, di
amare un altro. Frattanto il ricco Raffaele confida a Don Spiridione di
amare Fortura: riuscì un giorno, dopo averla ubriacata, ad approfittare di
lei che ora lo odia. Alle insistenti domande di Totore, Spiridione racconta
di aver visto più volte Raffaele recarsi in casa di Fortura. Don Raffaele ritorna a insidiare Fortura, che lo respinge; giunge Totore che affronta Raffaele; questi estrae una pistola ma Totore è più lesto e lo accoltella: Fortura raccoglie l'arma e, all'arrivo della polizia, si accusa del delitto.

* In altra pagina vengono riportati gli interpreti della prima recita: Amelia Sedelmayer
(Forturella), Luigi Iribarne (Totore), Adalgisa Grossi (Mariuccia), Michele De Padova (Raffaele), Arcangelo Rossi (Spiridione).

VENDETTA ZINGARESCA
(Alessandro Cortella – Raimondo M. Montilla, 15 novembre 1899)

VENDETTA I ZINGARESCA I OPERA IN DUE ATTI I POESIA E MUSICA
DI I RAIMONDO M. MONTILLA I Versione dallo Spagnuolo I di I ALES-
SANDRO CORTELLA I MILANO I Tipografia G. Rossi – Via Gaudenzio
Ferrari, 9 a.

ROSA		S
ANGUSTIAS	di lei madre	Comp
SOLEDAD		Comp
EMANUELE		T
MICHELE		Br

GIUSEPPE   2° T

ZINGARI
POPOLO   } Coro, Donne e Uomini

A GRANATA | I atto; nella campagna del Sacro Monte – II, nella piazza | San-
ta Maria dell'Alhambra. | A' giorni nostri.

Atto primo

Rosa ama Emanuele, ma Michele, innamorato della donna, le rivela che
la gente è al corrente della sua tresca e che Emanuele esibisce a tutti la
sua conquista. Michele sostiene anche che Emanuele ha un'altra fidanzata.

Atto secondo

Emanuele congeda la fidanzata Soledad. Arriva Rosa, che ha visto
l'uomo intrattenersi e scherzare con la rivale e lo accusa: messo alle
strette, Emanuele ammette la sua responsabilità, ma difende anche la
sua libertà di fare quello che più gli piace. Giunge Michele che affronta
Emanuele e lo trafigge con una navaja: Rosa scaccia allora il feritore e
prende fra le sue braccia Emanuele, che muore chiedendole perdono.

CELESTE
(G. Menin – Giuseppe Orsini, 1° maggio 1901)

G. MENIN | CELESTE | (SCENE DELLA VITA | DI CAMPAGNA) | MUSI-
CA DI | GIUSEPPE ORSINI | PARMA | PREM. TIP. GIUSEPPE DONATI |
1901

DON GENNARO	Organista	B
MICHELE SCALZA	Vetturale	Br
ANDREA	Pittore	T
CELESTE	Nipote di Nunziata	S
COMAR NUNZIATA	Ostessa	C

CONTADINI – CONTADINE – FANCIULLI | In un villaggio della campagna toscana.

Atto unico

Celeste, promessa sposa a Michele, con mille pretesti differisce continuamente le nozze; di questo Michele si lamenta con Don Gennaro. Di

nuovo l'uomo incontra Celeste, che lo prega in tutte le maniere di dimenticarla, sostenendo di essere indegna di lui; Michele intuisce che Celeste è innamorata di Andrea, un pittore giunto dalla città per un lavoro, e la donna gli confessa di essere stata da questi disonorata. Terminato il lavoro, Andrea deve ripartire e, respingendo le suppliche di Celeste che non vuole essere abbandonata, la esorta a sposare Michele. Questi affronta Andrea rimproverandolo e richiamandolo al suo dovere di sposare la donna che ha disonorato; agli ostinati rifiuti del pittore, Michele lo uccide con una coltellata.

MARICCA
(C. A. Blengini – Marco Falgheri, 8 ottobre 1902)*

MARICCA | SCENE LIRICHE IN UN ATTO | DI C. A. BLENGINI | MUSICA DEL MAESTRO | Marco Falgheri | (R. Teatro Vittorio E., Torino Stagione d'autunno, 1902) | MILANO | UNIONE EDITRICE MUSICALE | 1902

PIDDU	bandito	T
MARICCA	figlia di	S
LUISA	fattoressa	Mzs
BILLIA	benestante	Br
NANNI	garzone della masseria	Comp

CORO | GARZONI DI MASSERIA, FOROSETTE, BOSCAIUOLI, ECC. | L'azione si svolge a Fonni, prov. di Nuoro (Sardegna) | EPOCA MODERNA.

Atto unico

Nella masseria giunge la notizia che un viandante è stato assalito dal bandito Piddu; frattanto Luisa comunica alla figlia che sarà di ritorno fra breve Billìa, intenzionato a chiederla in moglie, ma Maricca non si mostra felice; ama infatti un giovane sconosciuto che è in realtà il bandito Piddu. Questi giunge e svela la sua identità alla fanciulla che vorrebbe redimerlo convincendolo a cambiar vita. Dopo che Piddu se ne è andato giunge Billìa che esprime il suo amore verso Maricca; a un tratto si odono un colpo di fucile e delle grida: alcuni contadini stanno inseguendo Piddu e Billìa si getta anch'egli all'inseguimento. Giunge finalmente il bandito e Maricca lo nasconde nel fienile. Più tardi esce dal nascondiglio, Maricca decide di fuggire con lui ma Billìa colpisce a morte il rivale.

* Con una prefazione degli «editori».

ROSANA
(Enrico Fabiani – Romano Romani, 17 aprile 1904)*

ENRICO FABIANI | ROSANA | Dramma lirico in tre atti | MUSICA | DEL | M.° ROMANO ROMANI | Livorno | Tipografia di Raff. Giusti | 1904

PIERO	Br
MARCELLA	Mzs
ROSANA	S
GENNARO	T
LORENZO	B

Marinai, pescatori, popolani | SCENA – Un villaggio sulla riviera meridionale tirrena. | Costumi moderni.

Atto primo

Il mare è in tempesta e si attende il ritorno della barca di Gennaro, il fidanzato di Marcella. Anche la sorella di Marcella, Rosana, è in pensiero per Gennaro, di cui è segretamente innamorata, ma la donna, per affetto verso la sorella, non ha il coraggio di confessare il proprio amore. La barca si inabissa, ma l'equipaggio viene tratto in salvo. Rimasto solo con Rosana, Gennaro le confida di amarla, ma la donna, pur combattuta, cerca di disilluderlo. Restata sola, però, confessa a sé stessa i suoi veri sentimenti.

Atto secondo

Parlando con Rosana, Marcella intuisce che la sorella è innamorata di Gennaro. Il padre di Marcella, Piero, udito il colloquio, rimprovera Rosana e, nell'ira, le rivela che ella non è sua figlia, ma una trovatella. Appresa dal servo Lorenzo la sua storia, Rosana gli chiede di portarla via con lui.

Atto terzo

Marcella vuole perdonare Rosana e corre a cercarla. Gennaro e Rosana si esprimono reciproco amore ma, all'udire la voce di Marcella che la chiama, Rosana impone a Gennaro di non seguirla e fugge. Si ode un gemito: Rosana viene trasportata in casa, morente dopo essersi gettata dall'alto; Gennaro, vedendola morire, viene preso da delirio.

* Con una prefazione degli «editori».

FIORELLA
(Giovacchino Forzano – Luigi Ferrari-Trecate, 10 agosto 1904)

FIORELLA I DRAMMA LIRICO IN UN ATTO I DI I G. FORZANO I MUSI-
CA DI I L. FERRARI-TRECATE I Eseguito per la prima volta nel Salone
Pedrotti del Liceo Rossini I in Pesaro – Agosto 1904 I PESARO I Stab.
Tip. A. Nobili I 1904

FIORELLA	Elisa Petri
ROSA	Irma Berettini
SILVIO	Alfredo Braglia
ROBERTO	
ANTONIO	

Coro di contadini – contadine – ragazzi I gli amici di Roberto I L'azione si
svolge nella campagna toscana I epoca presente.

Atto unico

Nella casa di Antonio tutti stanno festeggiando e scherzando dopo il
lavoro; ad un tratto giunge Roberto, il padrone, con un gruppo di amici
che intende far pernottare in una delle stanze di Antonio, per cui tutti si
allontanano. Restato solo con la figlia di Antonio, Fiorella, Roberto le rivolge parole appassionate e la bacia, vincendo le tenui resistenze della
giovane. L'indomani, gli ospiti si stanno preparando per la partenza e Roberto pare non curarsi della fanciulla che ha sedotto. Fiorella incontra
Silvio a cui racconta in forma di sogno quanto avvenuto la notte prima;
poi, restata sola con la madre, Rosa, le confessa l'accaduto. Torna Roberto con gli amici: Fiorella prende una falce e improvvisamente colpisce
l'uomo che l'ha sedotta.

FIOR DI SARDEGNA
(Curzio Gramiccia – Attico Bernabini, 1905 ?)

CURZIO GRAMICCIA I FIOR DI SARDEGNA I Dramma lirico in un atto I
MUSICA DI I ATTICO BERNABINI I ROMA 1905

MARIA	amica d'infanzia di (18)*	S
NUNZIO	figlio di un'amica carissima della madre di Maria; raccolto giovinetto in casa di questa per la morte dei genitori; ora sorvegliante degli operai della fattoria. (20)	T
DON MICHELE	Nobiluccio del paese; ex maestro, ora segretario comunale; pretendente di Maria. (30)	Br

COMPAR EFISIO	Piccolo proprietario, amico o padre tutelare di Nunzio; confidente di Maria. (60)	B
FRANCESCO		Br
PIETRO	Ex scolari, amici di Don Michele	A piac.
ANTONIO	(sui 20 tutti)	
GIUSEPPE		
DON BASTIANO	Padre di Maria (75)	Comp

Epoca presente

Atto unico

Nunzio si dispera con Efisio per la sua sorte, poiché Maria pare destinata ad andare sposa a un'altro uomo; Efisio consola il giovane e lo esorta a sperare. Michele, in compagnia degli amici, decide di cantare, la sera stessa, una serenata a Maria. Mentre i contadini ritornano dal lavoro, Michele, appostato dietro un muretto, intona il canto «Fior di Sardegna» all'indirizzo di Maria. All'udire ciò Nunzio esce di casa con un coltello; incontra Maria e freddamente le comunica l'intenzione di partir soldato, ma la giovane lo convince a cambiare idea esprimendogli il suo amore. Frattanto la scena è osservata da Michele che giura di vendicarsi e, imbracciato un fucile, lo punta contro Nunzio che, avvertito in tempo da Maria, riesce a schivare il colpo, si impossessa anch'egli di un fucile e affronta il rivale. Michele esplode un altro colpo, ma centra Maria che si era fatta scudo per proteggere Nunzio.

* Fra parentesi gli anni dei personaggi.

AMICA
(Giovanni Targioni-Tozzetti – Pietro Mascagni, 16 marzo 1905)

AMICA | DRAMMA LIRICO IN DUE ATTI [la prima di copertina riporta:] AMICA | DRAMMA DI PAOLO BEREL | VERSIONE RITMICA DI | GIOVANNI TARGIONI-TOZZETTI | MUSICA DI | PIETRO MASCAGNI | G. RICORDI & C. CHOUDENS – editore. MILANO PARIGI

RINALDO	pastore
GIORGIO	suo fratello
PADRON CAMOINE	
AMICA	sua nipote
MADDALENA	serva della fattoria.

Il Coro dei pastore e delle donne. | Ai nostri giorni, in Piemonte.

Atto primo

Nella fattoria di Padron Camoine si festeggia per le imminenti nozze di Amica e Giorgio. Rimasto solo con Maddalena, Camoine le confida la sua soddisfazione per potersi finalmente liberare, col matrimonio di Amica, di una presenza oramai sgradita. Inoltre il matrimonio servirà anche a consolare il mite Giorgio: questi, da piccolo, giunse alla fattoria con l'esuberante fratello e entrambi furono ospitati, ma un anno dopo Rinaldo dovette essere cacciato, causando grande dolore a Giorgio che gli era molto legato. Giorgio esprime ad Amica la sua felicità, ma la giovane non risponde, gettandolo nella disperazione. In un colloquio con Camoine, Amica lo supplica di non fargli sposare Giorgio, essendo ella ancora innamorata di Rinaldo. Camoine la minaccia di scacciarla. Giunge improvvisamente Rinaldo: Amica gli dice dei progetti di Padron Camoine, senza però rivelargli che il futuro sposo è il fratello, e i due decidono di fuggire insieme. Mentre si allontanano, Maddalena li scorge e informa Giorgio che giura di vendicarsi.

Atto secondo

Fra i monti. Giorgio attende i due fuggiaschi, all'arrivo dei quali si rende conto che l'amante della donna è il fratello; Rinaldo non comprende subito la situazione, ma poi, dopo che Giorgio è svenuto a terra, sfinito per la debolezza e l'emozione, chiede all'amante di sacrificarsi e di sposare Giorgio. Quindi se ne va, invano trattenuto da Amica; questa, nel colmo dell'emozione, lo segue incurante dei pericoli, e, nel tentativo di raggiungerlo, precipita, inghiottita dal torrente.

LISIA
(Mimy Resarco – Jole Gasparini, 9 maggio 1905)

LISIA I melodramma in un atto I DI MIMY RESARCO I MUSICA DI I JOLE GASPARINI* I GENOVA I R. STABILIMENTO TIPOGRAFICO L. SAMBO-LINO E FIGLIO I Piazza S. Bernardo N. 1. I 1905

VITO ALBANI
LISIA ALBANI
NENCIO
JACOPO
SANDRA

Cori d'operai ed operaie d'una filanda. I Epoca presente – Costumi ville-recci.

Atto unico

Osteria di campagna. Vito, confortato dalla figlia Lisia, piange la sorte dell'altro figlio, che non è più tornato a casa. Lisia attende frattanto che torni il fidanzato Nencio. Si scatena un temporale e all'osteria si ferma una carrozza da cui discende Sandra, che chiede asilo per la notte. Il giorno seguente, parlando con Lisia, Sandra espone la sua disinvolta filosofia amorosa: le piace cambiare spesso amante e prova una certa soddisfazione nel provocare la sofferenza dell'uomo che spasima invano per lei. L'ultimo suo amante, uno studente di nome Renzo, si uccise per amore. Lisia comprende che l'uomo di cui sta parlando è suo fratello ma, dopo avere sfogato la sua ira su Sandra, la prega di non rivelare il fatto al padre per non farlo inutilmente soffrire. Giunge Nencio; Sandra, che deve ripartire, incomincia a civettare con lui e Nencio, affascinato dalla donna, si offre di accompagnarla per un po'. Interviene Lisia che si oppone: di fronte all'insistenza di Nencio e agli scherni di Sandra, afferra un coltello e colpisce la rivale.

* Sic; le cronologie riportano Gasperini.

JANA
(Salvatore Aliaga – M. Renato Virgilio, 2 dicembre 1905)

SALVATORE ALIAGA | JANA | Scene sarde in due atti | MUSICA DI | M. RENATO VIRGILIO | A. PUCCIO – EDITORE | MILANO – VIA ROVELLO N. 1*

JANA	S
DONNA MINNIA-GRAZIA	Mzs
GADDU DI NUORO	T
GIACOMO PORTU	Br
STEFANO DEDDA	B
GAVINO	2° T
NIEDDU	2° Br

Braccianti, donne e bambini, cacciatori, amazzoni, | bracchieri, battitori, ecc. | Ai dì nostri – In terra di Gallura.

Atto primo

Alcuni braccianti di Efisio Mannu stanno scioperando da diversi giorni; giunge la delegazione che si era recata dal padrone, ma annuncia che essi sono stati scacciati. Gaddu resta solo; giunge Jana, supplicandolo di voler cessare lo sciopero e di cedere: nel paese si soffre la fame e la loro bimba sta morendo. Gaddu è risoluto a portare fino in fondo la protesta; decide però di tornare dal padrone e di supplicarlo nuovamente e raccomanda ai compagni la cura di Jana. Frattanto Jana si reca da Giacomo Portu, un tempo suo spasimante, per chiedergli aiuto.

Atto secondo

Jana, svenuta durante il cammino, viene raccolta da Giacomo che la riporta a casa. Questi ascolta le suppliche della donna che chiede del pane per sfamare la bimba e le vorrebbe donare del denaro, ma Jana, d'un tratto accortasi di quello che sta facendo, si dispera. Giacomo, dopo aver di nascosto lasciato il denaro nella madia, si allontana: ma Stefano Dedda ha osservato tutta la scena. Gaddu ritorna dalla sua missione, fallita di nuovo: lo attende Stefano che, con parole sibilline, lo mette in guardia da Giacomo. Al colmo dell'ira, Gaddu va da Jana e la accusa di tradimento: nonostante le assicurazioni della donna Gaddu la insulta e infine, trovato il denaro di Giacomo, la ferisce con un fucile. Accorre gente: Gaddu vorrebbe avventarsi su Giacomo, ma viene trattenuto. Quest'ultimo è pronto a dare soddisfazione, ma assicura Gaddu che Jana è innocente; la donna, dopo essersi fatta dare in braccio la figlia, muore.

* Nella pagina retrostante indica «Published November 1905».

CAVALLERIA RUSTICANA
(Giovanni Monleone – Domenico Monleone, 5 febbraio 1907)

D. MONLEONE | CAVALLERIA RUSTICANA | (Dalle Scene Popolari di G. VERGA) | DRAMMA LIRICO IN UN PROLOGO E UN ATTO | DI | G. MONLEONE | Rappresentato per la prima volta il 5 Febbraio 1907 | al Paleis voor Volksviyt di Amsterdam | A. PUCCIO – EDITORE | MILANO

TURIDDU		T
SANTUZZA		S dr
COMPAR ALFIO		Br
LOLA	sua moglie	S Lirico
NUNZIA	madre di Turiddu	Mzs
LO ZIO BRASI	stalliere	B

CONTADINI E CONTADINE | In Sicilia.

Prologo

È l'alba del giorno di Pasqua. Turiddu canta una serenata verso la finestra di Lola, che esce e scambia parole d'amore con l'uomo.

Atto unico

Santuzza chiede a Nunzia notizie di Turiddu: la madre crede che il figlio sia a Francofonte, ma Santuzza le rivela che questi è stato visto la notte in paese. Giunge Alfio, che racconta di un'aggressione subita la notte precedente, di ritorno da Militello; anche il carrettiere dice di avere visto Turiddu in paese. Rimasta sola con Nunzia, Santuzza racconta di come Turiddu, partendo soldato, giurasse fede a Lola, la quale però si sposò in seguito con Alfio: l'antico fidanzato cercò allora consolazione con lei, scatenando così le invidie e i propositi di vendetta di Lola; Santuzza, disperata, continua dicendo che Turiddu vuole ora lasciarla. Poco dopo arriva l'uomo e Santuzza lo interroga scatenandone l'ira poiché questi non tollera la sua gelosia e pretende di essere libero. I due vengono interrotti da Lola, che giunge intonando la serenata che Turiddu le cantava sotto la finestra; quando questa se ne va, Turiddu si arrabbia con Santuzza, che ha fatto di tutto per metterlo in imbarazzo; la donna, affranta, lo implora di rimanere, ma questi se ne va gettandola a terra: Santuzza lo maledice. Arriva Alfio e la donna gli rivela il tradimento della moglie. La gente esce dalla chiesa; Turiddu distribuisce da bere a tutti e brinda, invitando anche Lola. Arriva Alfio, cui Turiddu offre del vino, ma l'uomo rifiuta; i due si sfidano. Presago di una sventura, Turiddu va a salutare la madre e poi si reca all'appuntamento. Una voce, poco dopo, annuncia che Turiddu è stato ucciso.

LYNA, OVVERO I MAL NUTRITI
(Virgilio Donzelli – Adelelmo Bartolucci, 22 giugno 1907)

LYNA I OVVERO I I MAL NUTRITI I AZIONE MELODRAMMATICA IN UN ATTO I DI I VIRGILIO DONZELLI I MUSICA DEL MAESTRO I ADELELMO BARTOLUCCI I ROMA I Tip. Forense, Via Leccosa, 70 I 1907

LYNA	moglie di	S
ALDO		B
MARTA	loro madre [sic]	Mzs
BEPPE	ricco possidente	T
MARCO	contadino pelagroso e pazzo	Br

Contadini e Contadine I Fanciulli I Un bambino figlio di Aldo.

Parte prima

In una campagna lombarda, i contadini, miseri e prostrati, si avviano al lavoro, vessati dal ricco possidente Beppe. Giunge una povera famiglia di pezzenti fra cui Lyna e subito Beppe se ne innamora. Tutta la scena è accompagnata dagli interventi di Marco, che in tono profetico annuncia sventure al ricco Beppe.

Parte seconda

Beppe torna a insidiare Lyna, ma viene respinto con sdegno. Interviene allora Aldo per difendere la moglie e, nel colmo del furore, uccide Beppe. Tutti esortano Aldo a fuggire: non esiste giustizia per il povero, che verrà immancabilmente punito; l'opera si chiude con le invettive di Marco, che predice continue sventure per tutti i poveri: al colmo dell'esaltazione, si getta fra le ruote del mulino.

IGLESIAS
(Enrico Golisciani – Vittorio Baravalle, 12 novembre 1907)

IGLESIAS | BOZZETTO IN UN ATTO | VERSI DI | E. GOLISCIANI | MUSICA DI | VITTORIO BARAVALLE | TORINO | TIPOGRAFIA EDITRICE G. VACCARINO | 1903

SANTE	vecchio colono, padre di
GRAZIA e di	
JANU	marinaro su d'una nave da guerra
ALDO ZARI	padrone d'un mulino
ROSA	filandaia
NINA	nipote di Sante (5 anni)

FILANDAIE – LAVORATORI – PAESANI. | La scena è in un paesello della Sardegna (1861).

Atto unico

Grazia, che affida la piccola Nina a un gruppo di donne perché la portino dalla nonna, sta aspettando il ritorno del padre dalla caccia; Grazia è triste anche per via della lontananza di Janu, partito marinaio. A un tratto la gente annuncia che sta arrivando Sante, portando con sé Janu. Mentre tutti stanno festeggiando il ritorno di Janu, qualcuno proferisce il nome di Aldo Zari, l'uomo che Grazia ama; Janu racconta il motivo del rancore che porta verso costui: cinque anni prima, l'altro figlio di Sante, Donato, il padre di Nina, fu raccolto morente presso l'uscio di casa: confessò di avere insidiato la donna di Rocco, padre di Aldo, e di essere stato da lui colpito; da quel giorno Sante e Janu giurarono vendetta. Rimasta sola, Grazia medita su ciò che ha udito; giunge Aldo, e Grazia gli impone di non vederla mai più; ma le insistenze amorose del giovane la fanno recedere dal suo proposito e sperare in un perdono da parte dei parenti. I due vengono sorpresi da Janu che vuole punire Aldo, il quale rifiuta di difendersi. A un tratto un fulmine colpisce la filanda presso cui era stata portata la piccola Nina e Aldo si precipita per salvare la bambina; poco dopo ritorna con in braccio la piccola e la rende ai parenti, sperando che questo serva a cancellare la colpa del padre. Quindi si prepara ad andarsene per sempre, ma Janu lo perdona generosamente e gli concede la mano della sorella.

DORE
(? – Enrico Luccherini, 16 giugno 1909)

DORE | DRAMMA LIRICO IN UN ATTO | MUSICA DEL MAESTRO | ENRICO LUCHERINI* | TIVOLI | TIPOGRAFIA GERARDO MAJELLA | 1909

NELLA	detta Fior di Neve	S
DORE		T
NANNI		Br

Alpigiani ed Alpigiane | Contadini emigrati che ritornano ai loro monti. | Scena: un paesello delle Alpi italiane. | Epoca: presente.

Atto unico

Nanni esprime la sua rabbia per non riuscire a ottenere l'amore di Nella che è stata sempre fedele a Dore anche durante la sua assenza. Questi è ritornato e i due amanti si scambiano parole d'affetto. Nanni resta solo con Nella e le esprime invano il suo amore, quindi la minaccia. Poi affronta Dore e gli dice di essere amato da Nella. Dore crede alla menzogna, accusa Nella che si proclama, invano, innocente e la lascia per sempre. Nella, disperata, si getta nel vuoto.

* Le cronologie riportano Luccherini.

MAIÀ
(Angelo Nessi – Ruggero Leoncavallo, 15 gennaio 1910)

MAIÀ | DRAMMA LIRICO IN TRE ATTI | DI PAUL DE CHOUDENS | Versione ritmica italiana di ANGELO NESSI | MUSICA | DI | R. LEONCAVALLO | «Entered according to the Act of Congress | in the year 1908 by Paul De Choudens Editeur, in the office | of the Librarian of Congress at Washington»*

MAIÀ	contadina della Camarga nella fattoria di	S
GERMANO	padre di	B
SERGIO	ricco giovanotto della Camarga	T

TORIAS	bovaro della Camarga	Br
SUSETTA	} contadine	S
LISETTA		S
LA FIDANZATA DI SERGIO		Comp

BOVARI – PASTORI – CAPRAIE E CAPRAI – UOMINI E | DONNE DEL POPOLO – DANZA-TORI E DANZATRICI – | RAGAZZI E RAGAZZE DI BEUCAIRE – LOTTATORI, | CORRIDORI, ecc, ecc. | L'azione si svolge nella Camarga circa il 1810

Atto primo

Si prepara la festa del villaggio: Torias corteggia Maià, che lo respinge, essendo ancora innamorata di Sergio, da cui un giorno fu abbandonata. Torias rivela alla donna che Sergio è tornato, ma con un'altra fidanzata: Maià assicura Torias che se Sergio oserà recarsi alla festa con un'altra, lei diventerà la sua donna. Sergio e Maià si incontrano: l'uomo le giura il suo amore e le spiega che dovette un tempo lasciarla per ordine di suo padre; ora è tornato per sempre.

Atto secondo

Sergio si reca alla festa con una donna, sua promessa sposa: Maià, furiosa, inveisce contro tutti i presenti e il padre di Sergio la scaccia, offendendola. Arriva Torias a difendere la donna e questa gli offre il braccio, allontanandosi con lui.

Atto terzo

Maià vive ora con Torias, ma è infelice. Arriva Sergio, che ha abbandonato il padre, non potendo continuare a fingere di voler bene a un'altra donna e giura a Maià di amarla ancora. Giunge Torias e i due si affrontano. Sergio, soccombente, riesce a cavare il coltello e a colpire, ma ferisce Maià che si era frapposta. Questa scaccia allora Torias, che non ha mai amato, e muore fra le braccia di Sergio.

* Su altra pagina indica: «PESCIA 1911 TIPOGRAFIA E. NUCCI».

ORNELLA D'ABRUZZO
(Giorgio Damura – Augusto Poggi, 2 marzo 1910)

ORNELLA D'ABRUZZO | DRAMMA LIRICO IN UN ATTO | DI | GIORGIO DAMURA | MUSICA DI | AUGUSTO POGGI | MALTA | TIPOGRAFIA DI G. MUSCAT*

ORNELLA	S
STENIO	Br
LA MAMMA RICA	Mzs
GIORGIO	T

Il Coro | In un villaggio d'Abruzzo – or sono pochi anni.

Atto unico

Stenio, che presto sposerà Ornella, è festeggiato da tutti. Resta poi solo con la donna che ama ma questa, nonostante ricambi sinceramente il sentimento, è turbata da un triste presagio e dal ricordo di Giorgio: ella lo amava quando questi dovette partire per la guerra; solo in seguito alla notizia della sua morte Ornella si legò a Stenio. In un colloquio seguente con Rica, la madre di Giorgio, Ornella viene da questa rimproverata per aver dimenticato così facilmente il giuramento d'amore nei confronti del figlio. Improvvisamente arriva Giorgio: egli racconta di come, caduto ferito in battaglia, riuscì a salvarsi e ora è ritornato dalla sua Ornella. La donna le confessa la verità ma Giorgio, al colmo dell'ira, la insegue e, lottando, precipita assieme a lei nel torrente.

* In copertina riporta la data 1910.

CALENDIMAGGIO
(Pietro Gori – Giuseppe Pietri, 14 marzo 1910)

Calendimaggio | Scene Drammatiche | DI | PIETRO GORI | Un atto in due parti | MUSICA DI | GIUSEPPE PIETRI | MILANO | STAB. TIP. GIUSSANI FILIPPO | 1910

EVANDRO	boscaiuolo
SILVIA	giovane contadina
IL BARONE	signore della terra
FOSCO	cantastorie
CORALI	{ contadini e contadine dame e gentiluomini Le voci dei lavoratori della terra e del mare.

L'azione si svolge in un paesello alpestre. | EPOCA PRESENTE.

Parte prima

Sta terminando la festa nuziale di Silvia e Evandro. La donna è infelice, per la sua sorte, poiché il Barone, che la raccolse bambina, ora la cede a un suddito dopo averla sedotta. Solo un canto sarcastico di Fosco e dei contadini svela a Evandro la triste realtà e questi fugge, sebbene Silvia, che si rende conto di amare il giovane, cerchi di fermarlo.

Parte seconda

In un colloquio con il Barone, che si appresta a partire per la caccia, Silvia gli esprime il suo disprezzo per averla ceduta ad altri dopo averla sedotta. Mentre il Barone ritorna momentaneamente dagli ospiti, giunge Evandro che perdona Silvia. Di nuovo il Barone, allontanato Evandro, cerca di conquistare Silvia, ma la giovane lo respinge gridando: torna allora Evandro che, accecato dall'odio, uccide il rivale con la scure.

DOPO LA GLORIA
(Cino Daspi – Ubaldo Pannocchia, 12 febbraio 1911)

UBALDO PANNOCCHIA I DOPO LA GLORIA I MELODRAMMA IN UN ATTO I DI I CINO DASPI I AREZZO I Prem. Stab. Tipo-Lit. Ettore Sinatti I 1910

FEDE
ANNAROSA
TORE   bersagliere d'Africa
DON RAFAELE   Marchese d'Acquanera

Forgiari, lavandaie, popolani, terrazzani, contadini, castaldi, I donne, fanciulle, ragazzi. I In un villaggio dell'Appennino calabrese I NOSTRI TEMPI

Atto unico

È ritornato dalla guerra Tore, il fidanzato di Fede di cui è innamorata anche Annarosa. Don Rafaele, pure innamorato di Fede, cerca di comprometterla agli occhi di Tore e, con l'aiuto di Annarosa, la convince con una scusa a disertare un appuntamento con il fidanzato. Annarosa, per ingelosire Tore, gli rivela che Fede è con Don Rafaele; frattanto sopraggiunge la fanciulla, sedotta: Tore si slancia sul rivale e lo uccide.

LUISIANNA
(G. B. Reggiori – Virgilio Aru, 16 maggio 1911)

LUISIANNA I Dramma lirico in due atti I con intermezzo sinfonico vocale di I G. B. REGGIORI I Musica di I Virgilio Aru I «Solo la profondità di pensiero e di | passione portano seco quei vasti elementi di | umanità che le fan capaci di sfidare i tempi.» | «Noi saremo contro il vacuo senti- | menta- lismo, contro le tinte forti e false, | contro l'espediente, contro le mirabili e | ingegnose trovate». | ASCOLI PICENO | G. CESARI – EDITORE | 1911

LUISIANNA	Mzs
GIANNI	T
LORENZA	S
MARCO	Br
IL MASSARO	B
IL VENDEMMIATORE	T
IL PASTORELLO	Mzs

Coro di vendemmiatori | In un' podere, nelle vicinanze di Osilo (Sarde- gna) | EPOCA PRESENTE | Prima rappresentazione: Ascoli Piceno – Teatro Ventidio Basso | Stagione di Primavera MCMXI

Atto primo

Lorenza odia Luisianna, la donna che Gianni ha abbandonato per met- tersi con lei, e cerca di farla cacciare dal podere: la provoca scatenando una rissa e Gianni è costretto a cacciare via Luisianna, nonostante le suppliche della donna, che sostiene di aspettare un figlio da lui. Giunge la notizia del ritorno di Marco, brutale ex amante di Lorenza; tutti, al po- dere, decidono di mentire all'uomo dicendo che Lorenza è andata via da un'amica: solo Luisianna fa la misteriosa, insospettendo Marco.

Atto secondo

Lorenza e Gianni si incontrano di notte e si recano a casa della donna. Giungono poi Luisianna e Marco, e la donna spinge quest'ultimo a entra- re nella casa di Lorenza. Il Massaro, fratello di Marco, cerca di impedirlo negando che Lorenza sia in paese; Luisianna continua a aizzare Marco e, a sua volta, il Massaro cerca di screditare la delatrice, finché Marco, ac- cecato dall'ira, si scaglia su Luisianna e la ferisce a morte. Dalla casa escono Lorenza e Gianni: Marco li minaccia e fugge, trascinandosi dietro Lorenza.

I GIOIELLI DELLA MADONNA
(Carlo Zangarini, Enrico Golisciani – Ermanno Wolf Ferrari, 23 dicem- bre 1911)

I gioielli della Madonna | OPERA IN TRE ATTI | (tratta da episodi della vi- ta napoletana) | Versi di | CARLO ZANGARINI ED ENRICO GOLISCIANI |

Azione e Musica di | ERMANNO WOLF FERRARI | MILANO | CASA MU-
SICALE LORENZO SONZOGNO | Via S. ANDREA n° 18 | 1912

GENNARO	fabbro	T	
CARMELA	sua madre	Mzs	
MALIELLA		S	
RAFAELE	capo camorrista	Br	
BIASO	scrivano	T buffo	
CICCILLO	} camorristi	T	
ROCCO		B	
STELLA		S	
CONCETTA		S	«guaglione
SERENA		C	della
GRAZIA	detta «la biondina»	Ballerina	malavita»
TOTONNO	giovane popolano	T	

Popolo – «Scugnizzi» – Rivenditori – Camorristi – | Clero – Tipi popolari di-
versi, ecc. ecc. | La scena è in Napoli. Il primo atto in una piazzetta | sul
mare; il secondo nell'orto di Carmela; il terzo nel covo | dei camorristi. |
Epoca moderna.

Atto primo

È la festa della Madonna e nella piazza la gente e i venditori ambulanti
festeggiano allegramente la solennità. Quando la folla si disperde un po',
appare dalla sua bottega Gennaro, con un candelabro fatto da lui: lo pone
sul tavolo e invoca, pregando, la Madonna, perché lo liberi dal funesto
amore che lo perseguita. Subito dopo appare Maliella che, sfuggendo la
madre, si mette provocatoriamente in mostra con tutta la gente, cantando
e danzando, quindi se ne va, trascinandosi dietro Biaso. L'atteggiamento
di Maliella fa disperare Carmela e Gennaro, che è visibilmente affascinato
dalla ragazza: come si apprende da Carmela, Maliella non è sua figlia, ma
una «figlia del peccato» che per un voto adottò, quando Gennaro era malato e stava per morire. I due si allontanano; rientra Maliella, inseguita da
Rafaele che la corteggia, e i due ingaggiano uno scherzoso duello; mentre
ha inizio la processione della statua della Madonna, Rafaele continua a far
la corte alla ragazza. Vedendo che Rafele e Maliella si guardano, Gennaro
rimprovera la sorella, mettendola in guardia da Rafaele, di cui conosce la
cattiva reputazione, ma Maliella non se ne cura. Fra Gennaro e Rafaele sta
per nascere un alterco, ma tutti si inginocchiano al passaggio della statua.

Atto secondo

È sera, e Carmela va a letto lasciando soli Maliella e Gennaro. La ragazza si mostra insofferente della vita che conduce e reclama la sua li-

bertà; infine decide di partire, raccoglie le sue cose e saluta Gennaro, ma questi, disperato, la implora di restare, svelandole il suo amore. Maliella lo respinge, dicendogli che se dovesse amare qualcuno, sarebbe Rafaele, che ha avuto il coraggio di prometterle i gioielli della Madonna. Rimasto solo, Gennaro è tentato di dare alla ragazza una suprema prova del suo amore, rubando egli stesso i gioielli. Frattanto, Rafaele intona, con un coro, una serenata a Maliella; questa scende e si intrattiene con l'amante, sebbene non possa uscire dal cancello, e i due si danno un appuntamento per l'indomani; i compari di Rafaele lo avvertono che Gennaro sta ritornando e l'uomo se ne va. Gennaro, sconvolto, incontra Maliella e le mostra un pacco con i gioielli rubati; la ragazza, affascinata da tanto splendore, indossa i gioielli e si eccita al pensiero di mostrarsi così adorna a Rafaele; Gennaro, estasiato, l'abbraccia.

Atto terzo

Nel covo dei camorristi di Rafaele si festeggia allegramente e le donne danzano. A un tratto giunge Maliella, scarmigliata, chiedendo aiuto e dicendo di essere inseguita da Gennaro, poi sviene; Rafaele ordina ai sui camorristi di portargli Gennaro. Maliella racconta di essere stata presa da Gennaro; a questa rivelazione, Rafaele la disprezza e vorrebbe scacciarla. Viene condotto il seduttore e Maliella, disperata, gli scaglia addosso i gioielli che ancora portava, rivelandone a tutti la provenienza. Tutti i presenti hanno un moto di orrore verso i due sacrileghi: Maliella viene scacciata e Gennaro resta a terra, mentre i camorristi e le loro donne fuggono, per timore di essere accusati di complicità nel misfatto. Gennaro, sconvolto e in preda a visioni mistiche, chiede perdono alla Madonna e si trafigge il petto con un coltello.

ZINGARI
(Enrico Cavicchioli, Guglielmo Emanuel – Ruggero Leoncavallo, 16 settembre 1912)

ZINGARI | due episodi | DI | ENRICO CAVACCHIOLI [sic] | E | GUGLIELMO EMANUEL | MUSICA DI | R. LEONCAVALLO | MILANO | EDOARDO SONZOGNO, EDITORE | Via Pasquirolo, 12 | Copyright 1912, by Edoardo Sonzogno

FLEANA	S
RADU	T
TAMAR	Br
IL VECCHIO	Br

GLI ZINGARI Coristi | L'azione si svolge lungo le rive del basso Danubio. | Tra il primo e il secondo episodio un anno. | Oggi.

Primo episodio

Un accampamento di zingari: la zingara Fleana e Radu, uno straniero, vengono sorpresi insieme e portati in giudizio dal «Vecchio». Radu, interrogato, chiede di potersi unire alla carovana e partecipare alla vita errabonda degli zingari per potere stare con Fleana. Nell'attesa delle loro nozze, Radu e Fleana vengono interrotti da Tamar, innamorato della donna che, armato di coltello, spiava i due. Gli uomini si azzuffano, ma Fleana li divide e scaccia il disperato Tamar.

Secondo episodio

Fleana e Tamar si incontrano furtivamente e si danno un appuntamento. Giunge Radu che, geloso del comportamento della donna, viene da questa respinto e beffeggiato. Non appena Radu si addormenta, Tamar e Fleana si incontrano di nuovo e si appartano in una capanna. Arriva di nuovo Radu che, resosi conto che la moglie è con l'amante, sbarra le porte del nascondiglio e gli dà fuoco. Viene poi catturato dagli altri zingari, ma il «Vecchio» lo lascia fuggire, rendendosi conto che ormai l'uomo è impazzito.

CAMPANE A GLORIA!
(Savino Fiore – Giocondo Fino, 21 novembre 1916)

CAMPANE A GLORIA! I LEGGENDA DRAMMATICA IN DUE PARTI I DI I SAVINO FIORE I Musica di GIOCONDO FINO I TORINO I TIPOGRAFIA SUBALPINA I Via S. Dalmazzo, N. 20 I 1916

MARCO	il bandito, figlio di	T
BENEDETTO	vecchio campanaro	B
ANNA	sposa di Marco	S
NANNETTA		S
MARTA	ostessa, fidanzata di	Mzs
RENZOTTO		Br

Paesani – donne – vecchi – bambini. I La scena ha luogo sulle Alpi Graie.

Parte prima

In paese si attende l'arrivo di Marco, il bandito. Questi, una volta giunto, scambia occhiate d'intesa con Nannetta: Renzotto, innamorato di Nannetta, cerca di convincerla a stare con lui, ma questa è affascinata da Marco e sfida le profferte di Renzotto. Frattanto Marta, vedendo Renzotto vicino alla casa di Anna, si convince erroneamente che questa se la in-

4. *Zingari*. Copertina del libretto per la prima rappresentazione dell'opera (Londra, 16 settembre 1912).

tenda con il suo fidanzato e fa la spia a Benedetto: ella stessa proverà quanto sostiene facendo a Benedetto un segno con il lume quando assisterà all'incontro.

Parte seconda

In un colloquio con Nannetta, Marco cerca di convincerla a chiudere la loro storia e vuole ripartire: egli sente rimorso per sua moglie ma l'amante non vuol intendere ragioni e convince Marco a prenderla con sé. Frattanto Renzotto svela ad Anna i progetti del marito: la donna cerca di dissuadere Marco dall'abbandonarla ma l'uomo è risoluto a partire senza di lei. Si odono rintocchi a morte e tutti sono terrorizzati. Marco e Anna si rifugiano dietro il campanile, Benedetto vede aperta la porta del figlio e nota anche il lume alla finestra di Marta: udendo la voce di Anna, si slancia e colpisce al buio; troppo tardi si accorge di aver ucciso il figlio.

IL TABARRO
(Giuseppe Adami, Giacomo Puccini, 14 dicembre 1918)*

IL TABARRO | (DA «LA HOUPPELANDE» di DIDIER GOLD) | LIBRETTO DI | GIUSEPPE ADAMI

MICHELE	padrone del barcone, 50 anni	Br
LUIGI	scaricatore, 20 anni	T
IL «TINCA»	scaricatore, 35 anni	T
IL «TALPA»	scaricatore, 55 anni	B
GIORGETTA	moglie di Michele, 25 anni	S
LA FRUGOLA	moglie del Talpa, 50 anni	Mzs

Scaricatori – Un venditore di canzonette – Midnettes | Un suonatore d'organetto – Due amanti.

Atto unico

Un gruppo di scaricatori sta terminando il lavoro sulla barca di Michele, e Giorgetta offre a tutti da bere. Il lavoro riprende; giunge la Frugola che, dopo aver mostrato a Giorgetta tutte le cianfrusaglie raccolte, si allontana col marito. Giorgetta e Luigi, rimasti soli, si scambiano effusioni amorose e si danno un appuntamento per la notte: un fiammifero acceso da Giorgetta sarà come sempre il segnale che Luigi attenderà per salire sulla barca, quando Michele si sarà addormentato. L'amante se ne va e Michele, risalito dalla stiva, cerca di avvicinare la moglie che lo respinge con ogni scusa e se ne va a letto. Restato solo, l'uomo esprime, fra sé, i suoi sospetti verso la donna che crede infedele; si accende la pipa e ciò trae in inganno Luigi che sale sulla barca. Michele lo riconosce, lo afferra per il collo e, soffocandolo, lo costringe a confessare la sua colpa. Arriva Giorgetta: Michele, copre rapidamente il cadavere col mantello e, non appena la moglie si avvicina, le mostra il corpo senza vita dell'amante.

* Parte di un volume di Ricordi comprendente anche le altre due opere del 'Trittico' (*Suor Angelica* e *Gianni Schicchi*).

MARA
(Virgilio Gozzoli – Pietro Borgognoni, 27 luglio 1919)

M.° Cav. PIETRO BORGOGNONI I MARA I MELODRAMMA IN DUE ATTI I DI I VIRGILIO GOZZOLI I PISTOIA I OFFICINA TIPOGRAFICA COOPERATIVA I 1919

MARA		S dr
MAMMA LIA		Mzs
JELI	il Pastore	T
ALFONSO	il Signorino	Br
MASTRO NERI		B

Contadini e Contadine I Da una Novella di G. VERGA*

Atto primo

In paese tutti bevono alla salute di Don Alfonso; giunge Jeli, in cerca di un lavoro, e rivede Mara, la donna con cui aveva trascorso gli anni dell'infanzia: ora è legata a Don Alfonso che, quand'era ragazzo, fu salvato da Jeli. Alfonso giunge in paese festaggiato da tutti e, rimasto solo con Mara, la convince a sposare Jeli per salvare le apparenze, rassicurandola che le vorrà sempre bene. Quindi Mara corteggia con civetteria Jeli offrendosi a lui in moglie.

Atto secondo

C'è un temporale e Don Alfonso si appresta ad andare a trovare Mara, poiché Jeli starà fuori tutta la notte; mentre si appresta a salire ha un alterco con Neri, che giura di vendicarsi. Jeli frattanto ritorna inatteso e Neri gli svela il tradimento di Mara. Jeli decide di far finta di niente, si fa aprire dalla moglie e poi le dice che ritornerà al pascolo. Cessato il temporale, la gente esce dalle case per festeggiare: Mara balla con Don Alfonso, ma Jeli esce allo scoperto e lo uccide con un colpo di roncola.

* *Jeli il pastore*. Una didascalia del primo atto indica «A' tempi nostri, a Marineo, in Sicilia».

LA VAMPA
(Gustavo Macchi – Alessandro Ravelli, 13 settembre 1919)

LA VAMPA I DRAMMA IN UN ATTO I DI GUSTAVO MACCHI I MUSICA DI I ALESSANDRO RAVELLI I MILANO I CASA MUSICALE SONZOGNO I (Società Anonima) I 12 – Via Pasquirolo – 12

MASO	carbonaro
TELENE	sua moglie
CENZO	
ROSA-MAGGIO	
CIOSPO	
LA «ZOPPA»	

GIOVANI, FANCIULLE, RAGAZZI di SELVAFONDA. – Voci I lontane, da oltre valle. I L'azione ha luogo nei boschi dell'Umbria, poco discosto I dal villaggio di Selvafonda, sul finire del secolo I scorso (destra e sinistra dello spettatore).

Atto unico

Si sta preparando la festa di san Giovanni a cui parteciperà probabilmente anche Cenzo, che tempo prima era fuggito dopo aver accoltellato un uomo. Cenzo incontra Telène, con cui ebbe un tempo una storia d'amore, e le dà un appuntamento. Rimasto solo con Telène, Cenzo le rimprovera di non averlo aspettato e di avere accettato l'offerta di matrimonio di Maso; dopo che Telène lo ha assicurato di averlo sempre amato, Cenzo le offre di ritornare con lui e di fuggire. Telène fa allontanare Maso con un pretesto, ma decide di sacrificare sé stessa in segno di espiazione, si corica nel giaciglio di Maso e attende l'arrivo di Cenzo: questi giunge e, credendo di colpire il rivale, uccide Telène. Ritorna quindi Maso e Cenzo, resosi conto di quanto ha fatto, inorridisce, gettandosi disperato sul cadavere dell'amante.

IL PASTORE
(A. Perico, G. Perico, Antonio Lega – Edoardo Berlendis, 7 settembre 1920)

IL PASTORE I Un atto lirico in due parti I di G. PERICO I Versione di A. e G. PERICO e A. LEGA I per la musica del I M° EDOARDO BERLENDIS

JACOPO	il Pastore
MASSARO PIETRO	
COMPARE SANTO	
COMPARE GIANNI	

ASSUNTA
MARINELLA
TURI
PASTORI – PASTORELLE

In un paesello della Calabria, il secolo scorso

Parte prima

Santo, che presto dovrà sposare Assunta, ha con la donna uno scontro, poiché intuisce che questa ama Jacopo; ottiene quindi dal padre di lei, Pietro, di fare scacciare il pastore. In un ultimo colloquio, Assunta e Jacopo si esprimono parole d'amore.

Parte seconda

Assunta incontra Jacopo e lo implora di non lasciarla. Giungono gli invitati che festeggiano l'imminente matrimonio: tutti bevono, ma Jacopo non accetta di bere allo stesso bicchiere di Santo. A un certo punto, Pietro comincia a raccontare un episodio passato: un tempo egli lavorava con un uomo che uccise il padrone colpevole di avergli insidiato la donna; l'assassino si diede alla macchia e fu da lui catturato. Jacopo accusa Pietro di mentire sostenendo che la cattura dell'uomo avvenne per un tradimento: Pietro Albano, questo il nome dell'uomo che era suo padre, fu tradito da Massaro Pietro, il suo migliore amico. Alle parole di Jacopo, Massaro Pietro non si difende ed è sul punto di subire la vendetta quando interviene Assunta in difesa del padre. Per la donna che ama, Jacopo recede dal proposito di uccidere Pietro e i due amanti fuggono fra le montagne.

LUCANIA
(Francesco Ragona – Beniamino Fonte, 4 settembre 1921)

LUCANIA | Dramma lirico in 4 atti | di Francesco Ragona | Musica di BENIAMINO FONTE | PISA 1922 | STABILIMENTO TIPOGRAFICO TOSCANO | CAV. V. LISCHI E FIGLI

MAMMA VITTORIA	madre di	Mzs
MAURIZIO	fidanzato di	T
LELLA	contadina	S
DON GIACOMO	ricco possidente	Br
SILVESTRO	fattore di Don Giacomo	Br
PADRE STEFANO	guardiano del cimitero	B
MARIA	sorella di Silvestro	S
IRENE	vecchia cantastorie	Mzs

Emigranti – Contadini e Contadine | In un paese della Basilicata – Epoca 1880

Atto primo

Gli emigranti stanno partendo per l'America: Maurizio saluta commosso Lella e l'affida alla madre. Frattanto Don Giacomo giura di conquistare la fanciulla.

Atto secondo

Don Giacomo ordina a Silvestro di condurgli Lella con uno stratagemma e la aggredisce. Questa scoppia poi in un pianto dirotto e confessa a Mamma Vittoria di essere stata disonorata. Silvestro è pentito e, saputo che anche sua sorella Maria fu un giorno disonorata da Don Giacomo, giura di vendicarsi.

Atto terzo

Nel cimitero, Maurizio è tornato a pregare sulla tomba della madre. Giunge Lella e l'uomo vorrebbe allontanarla, ma questa le mostra ciò che la morente le affidò: a lei un pugnale e al figlio il tessuto di lino che questi diede a Mamma Vittoria prima di partire, perché gli fosse restituito al suo ritorno intatto come la virtù della fidanzata; il fatto che il tessuto sia integro prova a Maurizio l'onestà di Lella.

Atto quarto

Lella e Maurizio stanno per sposarsi: la donna ode il canto beffardo di Don Giacomo e lo uccide col pugnale che le affidò la madre di Maurizio. Silvestro, pentito per avere un tempo preso parte alle nefandezze del padrone, si autoaccusa del delitto salvando Lella.

IL MISTERO
(Giovanni Verga, Giovanni Monleone – Domenico Monleone, 7 maggio 1921)

IL MISTERO | Scene Siciliane in un prologo ed un atto | DI GIOVANNI VERGA e GIOVANNI MONLEONE | MUSICA DI | DOMENICO MONLEONE | MILANO | CASA MUSICALE SONZOGNO | Società Anonima | 12 – Via Pasquirolo – 12

NELA
MARA
BRUNO
ROCCO
IL CANTASTORIE
L'INDOVINA
L'EREMITA
IL GIOCATORE DI BUSSOLOTTI
IL RANOCCHIAIO

Contadini, Contadine, Campieri, Pastori, Mas- | sari, «Galantuomini», Ragaz-
zi, Merciaioli, | Trecconi, Un suonatore di «citarruni», La | banda rusticana. |
PERSONAGGI DEL MISTERO | La Madonna (Nela), San Giuseppe, I due ladroni, |
L'angelo, Le Verginelle, Gli Innocenti, Gli | Incappati, I Chierici. | In Sicilia.

Prologo

Mara sta aspettando con ansia il ritorno del marito Bruno, che ha una
relazione con Nela. Giunge Bruno, sconvolto perché inseguito da un uomo, e si nasconde, spegnendo la luce.

Atto primo

Festa della domenica delle Palme: si sta preparando la rappresentazione di un mistero religioso in cui Nela interpreta il personaggio della Madonna. Rocco, padre di Nela, l'uomo che inseguiva Bruno, si fa leggere il
futuro da un'indovina: egli sospetta che qualcosa accada in casa sua la
notte, durante la sua assenza, ma non sa cosa. Bruno incontra Nela: la
donna, in preda ai rimorsi, si sente indegna di rappresentare la Madonna.
Irrompe Mara che, sconvolta, si scaglia contro Nela; all'arrivo di Rocco,
Bruno fugge: allora il padre di Nela intuisce la verità. Questa, esasperata,
confessa il suo peccato di fronte alla folla che crede di assistere alla rappresentazione: Rocco si lancia in cerca del seduttore, brandendo un'accetta. Poco dopo Bruno esce dalla folla e, sanguinante, stramazza a terra.

LA GRAZIA
(Grazia Deledda, C. Guastalla, Vincenzo Michetti – Vincenzo Michetti,
31 marzo 1923)

LA GRAZIA | DRAMMA PASTORALE IN TRE ATTI | DI | G. DELEDDA C.
GUASTALLA – V. MICHETTI | PER LA MUSICA DI | VINCENZO MICHET-
TI | G. RICORDI & C.

SIMONA   S
ELIAS   T

TANU	Br
TOTTOI	B
PIETRO	T
COSEMA	S

LA PICCOLA GABINA, BANNA, TERESA, ANNA, OLI, | ZIA VISSENTA, LA VENDITRICE AMBULANTE. | Gente del parentado – Contadini – Pastori, ecc. | IN SARDEGNA

Atto primo

Simona rinnova a sua figlia Gabina il racconto di un fatto tormentoso: un giorno suo padre Elias partì per un paese lontano non ritornando più; la donna giura di vendicarlo, se morto, o di vendicarsi, se egli fosse ancora vivo e l'avesse lasciata. Giunge Tanu, fratello di Simona portando la notizia che Elias è vivo e sta con un'altra donna. La famiglia decide allora di punirlo.

Atto secondo

È la festa della Madonna; Elias è con Cosema, la donna che lo ha condotto alla perdizione. Giungono Tanu, Pietro e Tottoi decisi a riportarlo da Simona per la giusta vendetta e Elias, fieramente, acconsente a seguirli.

Atto terzo*

È il momento di giudicare Elias. L'uomo spiega ciò che gli accadde: durante il viaggio fu raccolto, stremato, dai servi di una donna da cui rimase in seguito affascinato; ora è conscio del proprio peccato e desidera ritornate alla famiglia. Simona pare intenerita, ma i fratelli e il padre decidono per la condanna: legano Elias e lo stanno per giustiziare quando si ode il gemito di Gabina: la bimba sembra morta e Elias, distrutto, implora che gli venga concesso di abbracciarla: la bimba si riprende, e il vecchio Tottoi, che interpreta l'accaduto come la volontà divina, concede la grazia a Elias.

* [L'atto è preceduto da un «intermezzo» scenico illustrato da una didascalia: «È notte e Gabina cerca la madre finché, non riuscendo a trovarla, esce nella tempesta».]

LA SPERGIURA
(Menotti Viareggi – Giuseppe Gigli, 5 ottobre 1925)

GIUSEPPE GIGLI | LA | SPERGIURA | TRE ATTI LIRICI | di | Menotti Viareggi | 1925 | Monte S. Savino | P. POMARANZI & Figli – Editori

5. *La grazia*. Copertina del libretto per la prima rappresentazione dell'opera (Roma, 31 marzo 1923).

MARIA GRAZIA
LIONEDDU
ZI NUNZIO
LO SCEMO
SERGENTE

Pescatori – Contadine – Popolani – Gendarmi | ecc. ecc. | OGGI IN SARDEGNA

Atto primo

Lioneddu, sconvolto, confida a Grazia di aver ucciso il seduttore della sorella e di essere braccato; la donna gli consiglia di rifugiarsi in un pozzo dal quale potrà raggiungere il mare. All'arrivo dei gendarmi, Lioneddu si nasconde nella casa di Grazia che, per evitare una perquisizione, giura solennemente che nessuno è entrato in casa.

Atto secondo

È il giorno del compleanno di Grazia; uno strano personaggio, chiamato «lo Scemo», rimasto solo con la donna, cerca di insidiarla. Interviene Lioneddu, uscito dal pozzo, e lo caccia via.

Atto terzo

«Lo Scemo» conferma a Zi Nunzio che Grazia ha una relazione nascosta. Lioneddu e Grazia si incontrano; l'uomo deve partire e chiede a Grazia di venirlo a salutare un'ultima volta. «Lo Scemo» ode tutto e giura vendetta. Grazia e Lioneddu si incontrano sulla riva del mare per darsi l'ultimo addio ma, ad un tratto, la donna decide di partire con l'amante. Uno sparo interrompe la scena: Grazia si accascia e Zi Nunzio sopraggiunge, accorgendosi di avere ferito a morte la figlia, che chiede perdono al padre e spira.

LA BARDANA
(Alberto Colantuoni – Cirillo Casiraghi, 26 marzo 1933)

ALBERTO COLANTUONI | LA BARDANA | UN DRAMMA | MCMXXXIII / A. XI

LAZZARO BIDDU   marito di
EFISIEDDA
MICHELE SARGIUS   padre di
BELVI

Nella Sardegna orientale; ai giorni nostri

Atto unico

Lazzaro sta per partire per il mercato e si assenta da casa per preparare la mandria; entra Belvì, tornato per rivedere Efisiedda, la donna che
amò un giorno, ma che poi andò sposa a Lazzaro. Prima che questi ritorni, Belvì si allontana. Mentre Lazzaro sta per partire definitivamente,
giunge Michele Sargius, annunciandogli «bardana» (il ratto di bestiame)
per quella notte. I due si appostano in attesa dei ladri. Si ode un colpo:
Michele rientra con un corpo sulle spalle, che, illuminato, si rivela essere
di Belvì, con un mazzo di fiori ancora stretto in mano. Michele capisce
tutto, ma Belvì, prima che possa rientrare Lazzaro, si fa giurare dal padre
di non rivelargli niente, in modo che questi lo creda semplicemente un
ladro e la reputazione di Efisiedda non venga compromessa.

LA LUPA
(Giovanni Verga, Federigo De Roberto – Pierantonio Tasca, 21 agosto
1933)

LA LUPA | TRAGEDIA LIRICA IN DUE ATTI | di | GIOVANNI VERGA e
FEDERIGO DE-ROBERTO | MUSICA DI | PIERANTONIO TASCA | NO-
TO | Tipografia Rosario Caruso | 1932 – X.

PINA		S
MARA	sua figlia	S
GRAZIA		S
FILOMENA		Mzs
NUNZIO	capraio	Mzs
NANNI		T
NELI		T
MALERBA		Br
BRUNO		Br
JANU		B

Contadini, contadine, popolani, popolane, folla, confratelli, | le Figlie di
Maria, ecc. ecc. | Nella contea di Modica in Sicilia.

Atto primo

Nell'aia, a sera, i mietitori chiacchierano e si ritemprano delle fatiche
del lavoro, Pina, detta anche «la Lupa», cerca di provocare Nanni, di cui è
innamorata, ma questi fa finta di niente, esasperandola; rimasta sola con

Nanni, Pina lo corteggia in tutti i modi, prima con sottintesi, mezze frasi, poi esplicitamente. In tono scherzoso, Nanni le chiede invece la mano della figlia. Pina, allora, chiama Mara e le impone di sposare Nanni: questa tergiversa, consapevole di quello che prova la madre per il giovane, e Pina allora la tratta bruscamente. Di nuovo sola con Nanni, Pina continua a tentarlo finché, malgrado le resistenze dell'uomo che non vuole cedere alla madre della sua futura sposa, questa riesce a sedurlo.

Atto secondo

Nanni si è sposato con Mara da cui ha avuto un figlio. La donna ha oramai abbandonato il timore di un legame del marito con sua madre ed è felice. Mentre Nanni sta preparandosi per una processione, arriva Pina: da tempo vive sola, ed ora dice di essere malata; Nanni, imbarazzato dalla sua presenza, cerca di mandarla via, prima che ritorni Mara. Questa arriva, e fra le due donne si accende una lite furibonda, a stento sedata da Nanni e dagli altri intervenuti. Rimasto solo con Nanni, Janu lo rimprovera aspramente per il suo comportamento e lo esorta a far cessare un legame peccaminoso di cui tutto il paese è a conoscenza. Poi torna Pina, e anche a lei Janu raccomanda di lasciare in pace il genero. Pina e Nanni rimangono di nuovo soli: la donna riprende le sue provocazioni e irride le minacce di Nanni che, brandendo una scure, la colpisce a morte.

GRAZIA
(Gavino Canu – Gavino Canu, 18 febbraio 1934)

GRAZIA I MELODRAMMA IN DUE ATTI I (L'azione ha luogo in Sardegna I sul finire del 1800) I LIBRETTO E MUSICA I DI I GAVINO CANU I Prem. Tip. G. Gallizzi – Sassari – 1935 XIII

GRAZIA		S
MARCO	suo marito	Br
PAOLO	cugino di Grazia	T
MARIA	fidanzata di Paolo	S

Il coro I Contadini – Contadine – Boscaioli – Paesane

Parte prima

Grazia ha una relazione con suo cugino Paolo. Marco, pur sospettando che la moglie gli nasconda qualcosa, si allontana lasciandola sola. Giunge Paolo che esprime all'amante i suoi appassionati sentimenti; i due vengono interrotti dall'arrivo di Maria che viene trattata con molta freddezza da Paolo. Gli amanti restano di nuovo soli.

Parte seconda

Giungono Marco e Maria: la donna rafforza inequivocabilmente i sospetti di Marco che giura di vendicarsi e si nasconde, mentre arriva la
moglie con Paolo: vedendo i due abbracciati, Marco esce dal nascondiglio e si scaglia sul rivale, ma colpisce con il coltello la moglie che si fa
scudo all'amato.

AVE MARIA
(Alberto Donini – Salvatore Allegra, 26 ottobre 1934)

AVE MARIA | LIBRETTO IN DUE ATTI DI ALBERTO DONINI | DAL
DRAMMA DI GUGLIELMO ZORZI | MUSICA DI | SALVATORE ALLEGRA |
EDIZIONI DE SANTIS | DELLA DITTA ALBERTO DE SANTIS | ROMA .
VIA DEL CORSO N 133

MARIA	la madre	S dr
BISTA	il figlio	T
LENA		S
SAGRO		Br

Contadini e pastori, uomini e donne | Nell'Appennino toscano. Epoca
presente.

Atto primo

È la festa della Madonna; Maria attende il figlio Bista di ritorno dal carcere; lo attende anche Lena, la donna che ha causato la sua reclusione. Il
vecchio Sagro la implora di lasciare perdere Bista, di non tentarlo, ma la
donna lo irride, canterellando. Giunge Bista: dapprima cerca di sfuggire
Lena, ma poi cede alle sue lusinghe e la giovane lo convince a fuggire
con lei dal paese.

Atto secondo

A casa di Maria; Bista dice alla madre che se ne vuole andare lontano
e vivere libero; le chiede dei soldi ma questa rifiuta; allora, con un coltello, cerca di aprire un cassetto, ferendosi: Maria, per la forte commozione,
si sente male; disperato, Bista le chiede perdono, e la donna, amorevol-
mente, gli cura la ferita, lo fascia e poi muore, sotto gli occhi impietriti
del figlio.

5.4. *Indici analitici*

5.4.1. *Indice dei titoli*

TITOLO	LIBRETTISTA/I	PRIMA RAPPRESENTAZIONE
A Basso Porto	Checchi	18 aprile 1894
A Cannaregio	[ignoto]	22 febbraio 1893
A «San Francisco»	Di Giacomo	13 ottobre 1896
A Santa Lucia	Golisciani	15 novembre 1892
Al campo	Romanini	2 maggio 1895
Alla macchia	Scapolo	25 dicembre 1892
Amica	Targioni Tozzetti (da Berel)	16 marzo 1905
Arlesiana, L'	Marenco	27 novembre 1897
Ave Maria	Donini	26 ottobre 1934
Bardana, La	Colantuoni	26 marzo 1933
Bella d'Alghero, La	Boschini	1° luglio 1892
Calendimaggio	Gori	14 marzo 1910
Campane a gloria!	Fiore	21 novembre 1916
Cavalleria rusticana	Monleone	5 febbraio 1907
Cavalleria rusticana	Targioni Tozzetti e Menasci	17 maggio 1890
Celeste	Menin	1° maggio 1901
Cieco	De Bonis	13 maggio 1899
Claudia	Bartocci Fontana	5 novembre 1895
Collana di Pasqua, La	Illica	1° novembre 1896
Dopo la gloria	Daspi	12 febbraio 1911
Dopo l'Ave Maria	Arrighi	21 ottobre 1896
Dore	[ignoto]	16 giugno 1909
Dramma	Rizzatti	14 settembre 1897
Dramma in vendemmia	E. R.	13 febbraio 1896
Festa a Marina	Fontana	21 marzo 1893
Fior di Sardegna	Gramiccia	??/??/1905?
Fiorella	Forzano	10 agosto 1904
Forturella	Bignotti	7 novembre 1899
Gioielli della Madonna, I	Golisciani e Zangarini	23 dicembre 1911
Grazia	Canu	18 febbraio 1934
Grazia, La	Deledda, Guastalla e Michetti	31 marzo 1923
Iglesias	Golisciani	12 novembre 1907
In congedo	Sbragia	1° ottobre 1898
Jana	Aliaga	2 dicembre 1905
Labilia	Valle	7 maggio 1890
Lena	Zignoni	24 aprile 1897
Lisia	Resarco	9 maggio 1905
Lucania	Ragona	4 settembre 1921
Luisianna	Reggiori	16 maggio 1911
Lupa, La	Verga e De Roberto	21 agosto 1933
Lyna	Donzelli	22 giugno 1907
Mafioso, Un	Bonaspetti	29 settembre 1898
Maià	Nessi (da De Choudens)	15 gennaio 1910
Mala Pasqua	Bartocci Fontana	9 aprile 1890

Mala vita	Daspuro	21 febbraio 1892
Malia	Capuana	30 maggio 1893
Mara	Gozzoli	27 luglio 1919
Maricca	Blenqini	8 ottobre 1902
Mariedda	Silvestri	28 maggio 1895
Martire, La	Illica	23 maggio 1894
Maruzza	Floridia	23 agosto 1894
Mastro Giorgio	Di Nunno-Giannattasio	13 aprile 1892
Mistero, Il	Verga e Monleone	7 maggio 1921
Nennella	Blengini	??/??/1892
Nozze!	Rizzetti	27 novembre 1895
Nozze istriane	Illica	28 marzo 1895
Nunziella	Vaccari	28 giugno 1897
Ornella d'Abruzzo	Damura	2 marzo 1910
Padron Maurizio	Guidi	26 settembre 1896
Pagliacci	Leoncavallo	21 maggio 1892
Paron Giovanni	Rossi	28 settembre 1895
Pastore, Il	Perico e Perico, Lega	7 settembre 1920
Refugium peccatorum	Sugana	25 febbraio 1897
Rosana	Fabiani	17 aprile 1904
Rosedda	Brezzoni	20 febbraio 1897
Rosella	Dessannai	2 ottobre 1897
Rosella	Blengini	29 settembre 1899
Sacrificio!	Menotti Buja	??/??/1897?
Sagra di Valaperta, La	Cortella	9 maggio 1895
Santuzza	Corrieri	8 gennaio 1895
Silvano	Targioni Tozzetti e Menasci	25 marzo 1895
Spergiura, La	Viareggi	5 ottobre 1925
Stelia	D'Elsa	23 maggio 1898
Sull'Alpi	Concina	??/??/1892?
Tabarro, Il	Adami	14 dicembre 1918
Tilda, La	Zanardini	7 aprile 1892
Tradita!	Cusinati	12 novembre 1892
Treccie nere	Manzini	8 febbraio 1893
Tristi nozze	Dallanoce	23 marzo 1893
Vampa, La	Macchi	13 settembre 1919
Vendetta sarda	Cortella	12 febbraio 1895
Vendetta zingaresca	Cortella (da Montilla)	15 novembre 1899
Voto, Il	Daspuro	10 novembre 1897
Zingari	Cavicchioli e Emanuel	16 settembre 1912

5.4.2. Indice dei librettisti

LIBRETTISTA/I	TITOLO	PRIMA RAPPRESENTAZIONE
[ignoto]	A Cannaregio	22 febbraio 1893
[ignoto]	Dore	16 giugno 1909
Adami, Giuseppe	Il tabarro	14 dicembre 1918
Aliaga, Salvatore	Jana	2 dicembre 1905

Arrighi, Giovanni	Dopo l'Ave Maria	21 ottobre 1896
Bartocci, Fontana G. D.	Claudia	5 novembre 1895
Bartocci, Fontana G. D.	Mala Pasqua	9 aprile 1890
Bignotti, Angelo	Forturella	7 novembre 1899
Blengini, C. A.	Maricca	8 ottobre 1892
Blengini, C. A.	Nennella	??/??/1892
Blengini, C. A.	Rosella	29 settembre 1899
Bonaspetti, Giuseppe	Un mafioso	29 settembre 1898
Boschini, Antonio	La bella d'Alghero	1° luglio 1892
Brezzoni, Lazzaro	Rosedda	20 febbraio 1897
Canu, Gavino	Grazia	18 febbraio 1934
Capuana, Luigi	Malia	30 maggio 1893
Cavicchioli, Enrico e Emanuel, Guglielmo	Zingari	16 settembre 1912
Checchi, Eugenio	A Basso Porto	18 aprile 1894
Colantuoni, Alberto	La bardana	26 marzo 1933
Concina, Giulio	Sull'Alpi	??/??/1892?
Corrieri, G.	Santuzza	8 gennaio 189S
Cortella, Alessandro	Vendetta zingaresca	15 novembre 1899
Cortella, Alessandro	Vendetta sarda	12 febbraio 1895
Cortella, Alessandro	La sagra di Valaperta	9 maggio 1895
Cusinati, Ferruccio	Tradita!	12 novembre 1892
Dallanoce, Ugo	Tristi nozze	23 marzo 1893
Damura, Giorgio	Ornella d'Abruzzo	2 marzo 1910
Daspi, Cino	Dopo la gloria	12 febbraio 1911
Daspuro, Nicola	Mala vita	21 febbraio 1892
Daspuro, Nicola	Il voto	10 novembre 1897
De Bonis	Cieco	13 maggio 1899
Deledda, Grazia, Guastalla, C. e Michetti, Vincenzo	La grazia	31 marzo 1923
D'Elsa, Paolo	Stella	23 maggio 1898
De Roberto, Federigo vedi Verga		
Dessannai, P.	Rosella	2 ottobre 1897
Di Giacomo, Salvatore	A «San Francisco»	13 ottobre 1896
Di Nunno-Giannattasio, Giuseppe	Mastro Giorgio	13 aprile 1892
Donini, Alberto	Ave Maria	26 ottobre 1934
Donzelli, Virgilio	Lyna	22 giugno 1907
Emanuel, Guglielmo vedi Cavicchioli		
E. R.	Dramma in vendemmia	13 febbraio 1896
Fabiani, Enrico	Rosana	17 aprile 1904
Fiore, Savino	Campane a gloria!	21 novembre 1916
Floridia, Pietro	Maruzza	23 agosto 1894
Fontana, V.	Festa a Marina	21 marzo 1893
Forzano, Giovacchino	Fiorella	10 agosto 1904
Golisciani, Enrico	A Santa Lucia	15 novembre 1892
Golisciani, Enrico	Iglesias	12 novembre 1907
Golisciani, Enrico e Zangarini, Carlo	I gioielli della Madonna	23 dicembre 1911

Gori, Pietro	Calendimaggio	14 marzo 1910
Gozzoli, Virgilio	Mara	27 luglio 1919
Gramiccia	Fior di Sardegna	??/??/1905?
Guastalla, C. *vedi*		
Deledda		
Guidi, Achille	Padron Maurizio	26 settembre 1896
Illica, Luigi	La collana di Pasqua	1° novembre 1896
Illica, Luigi	La martire	23 maggio 1894
Illica, Luigi	Nozze istriane	28 marzo 1895
Leoncavallo, Ruggero	Pagliacci	21 maggio 1892
Macchi, Gustavo	La vampa	13 settembre 1919
Manzini, Erminio	Treccie nere	8 febbraio 1893
Marenco, Leopoldo	L'arlesiana	27 novembre 1897
Menasci, Guido *vedi*		
Targioni Tozzetti		
Menin, G.	Celeste	1° maggio 1901
Menotti, Buja	Sacrificio!	??/??/1897?
Michetti, Vincenzo *vedi*		
Deledda		
Monleone, Giovanni	Cavalleria rusticana	5 febbraio 1907
Monleone, Giovanni *vedi*		
Verga		
Nessi, Angelo	Maià	15 gennaio 1910
Perico, A. e Perico	Il pastore	7 settembre 1920
Ragona, Francesco	Lucania	4 settembre 1921
Reggiori, G.	Luisianna	16 maggio 1911
Resarco, Mimy	Lisia	9 maggio 1905
Rizzatti, Ferruccio	Dramma	14 settembre 1897
Rizzetti, F.	Nozze!	27 novembre 1895
Romanini, Romano	Al campo	2 maggio 1895
Rossi, A.	Paron Giovanni	28 settembre 1895
Sbragia, Luigi	In congedo	1° ottobre 1898
Scapolo, Antonio	Alla macchia	25 dicembre 1892
Silvestri, Alfredo	Mariedda	28 maggio 1895
Sugana, Luigi	Refugium peccatorum	25 febbraio 1897
Targioni Tozzetti, Giovanni	Silvano	25 marzo 1895
e Menasci, Guido		
Targioni Tozzetti, Giovanni	Amica	16 marzo 1905
Targioni Tozzetti, Giovanni	Cavalleria rusticana	17 maggio 1890
e Menasci, Guido		
Vaccari, Giovanni	Nunziella	28 giugno 1897
Valle, Vincenzo	Labilia	7 maggio 1890
Verga, Giovanni e	Il mistero	7 maggio 1921
Monleone, Giovanni		
Verga, Giovanni e De	La lupa	21 agosto 1933
Roberto, Federigo		
Viareggi, Menotti	La spergiura	5 ottobre 1925
Zanardini, Angelo	La Tilda	7 aprile 1892
Zangarini, Carlo *vedi*		
Golisciani		
Zignoni, Torquato	Lena	24 aprile 1897

148

5.4.3. *Indice dei musicisti*

MUSICISTA	TITOLO	PRIMA RAPPRESENTAZIONE
Alassio, Nino	Rosedda	20 febbraio 1897
Allegra, Salvatore	Ave Maria	26 ottobre 1934
Almada, M.	Sacrificio!	??/??/1897?
Aru, Virgilio	Luisianna	16 maggio 1911
Bacchini, Cesare	In congedo	1° ottobre 1898
Baravalle, Vittorio	Iglesias	12 novembre 1907
Bartolucci, Adelelmo	Lyna	22 giugno 1907
Berlendis, Edoardo	Il pastore	7 settembre 1920
Bernabini, Attico	Fior di Sardegna	??/??/1905?
Bimboni, Oreste	Santuzza	8 gennaio 1895
Borgognoni, Pietro	Mara	27 luglio 1919
Brunetto, Filippo	La sagra di Valaperta	9 maggio 1895
Bucceri, Gianni	Mariedda	28 maggio 1895
Candiolo, Umberto	Cieco	13 maggio 1899
Canu, Gavino	Grazia	18 febbraio 1934
Casiraghi, Cirillo	La bardana	26 marzo 1933
Castracane, Antonio	Paron Giovanni	28 settembre 1895
Cellini, Emidio	Vendetta sarda	12 febbraio 1895
Cilea, Francesco	L'arlesiana	27 novembre 1897
Cilea, Francesco	La Tilda	7 aprile 1892
Concina, Giulio	Sull'Alpi	??/??/1892?
Coronaro, Gellio Benvenuto	Claudia	5 novembre 1895
Coronaro, Gellio Benvenuto	Festa a Marina	21 marzo 1893
Cusinati, Ferruccio	Tradita!	12 novembre 1892
Dallanoce, Ugo	Tristi nozze	23 marzo 1893
De Lorenzi-Fabris, Ausonio	Refugium peccatorum	25 febbraio 1897
De Nardis, Camillo	Stella	23 maggio 1898
Donizetti, Alfredo	Dopo l'Ave Maria	21 ottobre 1896
Ercolani, Giovanni	Alla macchia	25 dicembre 1892
Falgheri, Marco	Maricca	8 ottobre 1902
Fara Musio, Giovanni	La bella d'Alghero	1° luglio 1892
Ferrari-Trecate, Luigi	Fiorella	10 agosto 1904
Floridia, Pietro	Maruzza	23 agosto 1894
Fino, Giocondo	Campane a gloria!	21 novembre 1916
Fonte, Beniamino	Lucania	4 settembre 1921
Fornari, Vincenzo	Dramma in vendemmia	13 febbraio 1896
Frontini, Francesco Paolo	Malia	30 maggio 1893
Gallisay, P.	Rosella	2 ottobre 1897
Garcia De La Torre	Rosella	29 settembre 1899
Gasperini, Jole	Lisia	9 maggio 1905
Gastaldon, Stanislao	Mala Pasqua	9 aprile 1890
Gianferrari, Vincenzo	Treccie nere	8 febbraio 1893
Giannetti, Giovanni	Padron Maurizio	26 settembre 1896
Gigli, Giuseppe	La spergiura	5 ottobre 1925
Giordano, Umberto	Mala vita	21 febbraio 1892
Giordano, Umberto	Il voto	10 novembre 1897
Leoncavallo, Ruggero	Maià	15 gennaio 1910

Leoncavallo, Ruggero	Pagliacci	21 maggio 1892
Leoncavallo, Ruggero	Zingari	16 settembre 1912
Loschi, Enrico	Nozze!	27 novembre 1895
Luccherini, Enrico	Dore	16 giugno 1909
Luporini, Gaetano	La collana di Pasqua	1° novembre 1896
Mascagni, Pietro	Amica	16 marzo 1905
Mascagni, Pietro	Cavalleria rusticana	17 maggio 1890
Mascagni, Pietro	Silvano	25 marzo 1895
Michetti, Vincenzo	La grazia	31 marzo 1923
Miglio, Alfonso	Nunziella	28 giugno 1897
Mineo, Enrico	Un mafioso	29 settembre 1898
Monleone, Domenico	Cavalleria rusticana	5 febbraio 1907
Monleone, Domenico	Il mistero	7 maggio 1921
Montilla, Raimondo M.	Vendetta zingaresca	15 novembre 1899
Orsini, Giuseppe	Celeste	1° maggio 1901
Pannocchia, Ubaldo	Dopo la gloria	12 febbraio 1911
Pietri, Giuseppe	Calendimaggio	14 marzo 1910
Pignalosa, Luigi	Forturella	7 novembre 1899
Poggi, Augusto	Ornella d'Abruzzo	2 marzo 1910
Puccini, Giacomo	Il tabarro	14 dicembre 1918
Ravelli, Alessandro	La vampa	13 settembre 1919
Romani, Romano	Rosana	17 aprile 1904
Romanini, Romano	Al campo	2 maggio 1895
Samara, Spiro	La martire	23 maggio 1894
Sanfelici, A.	Nennella	??/??/1892
Sebastiani, Carlo	A «San Francisco»	13 ottobre 1896
Senargiotto, Carlo	A Cannaregio	22 febbraio 1893
Smareglia, Antonio	Nozze istriane	28 marzo 1895
Sodero, Domenico	Mastro Giorgio	13 aprile 1892
Spinelli, Nicola	A Basso Porto	18 aprile 1894
Spinelli, Nicola	Labilia	7 maggio 1890
Tasca, Pierantonio	A Santa Lucia	15 novembre 1892
Tasca, Pierantonio	La lupa	21 agosto 1933
Virgilio, M. Renato	Jana	2 dicembre 1905
Wolf Ferrari, Ermanno	I gioielli della Madonna	23 dicembre 1911
Zernitz, Ferruccio	Dramma	14 settembre 1897
Zignoni, Torquato	Lena	24 aprile 1897

5.4.4. Indice dei luoghi di rappresentazione

CITTÀ E TEATRO	TITOLO	PRIMA RAPPRESENTAZIONE
AMSTERDAM Volksyt	Cavalleria rusticana (Monleone)	5 febbraio 1907
AREZZO Petrarca	Dopo la gloria	12 febbraio 1911

ASCOLI PICENO
  Ventidio Basso   Luisianna   16 maggio 1911

BASSANO VENETO
  Sociale   Nunziella   28 giugno 1897

BERGAMO
  Donizetti   La vampa   13 settembre 1919
  Donizetti   Il pastore   7 settembre 1920

BERLINO
  Kroll   A Santa Lucia   15 novembre 1892
  Kurfurstenoper   I gioielli della Madonna 23 dicembre 1911

BOLOGNA
  Brunetti   Malia   30 maggio 1893
  Del Corso   Nozze!   27 novembre 1895

BRESCIA
  Guillaume   Al campo   2 maggio 1895
  Guillaume   Celeste   1° maggio 1901

CARPI
  Comunale   Lucania   4 settembre 1921

CATANIA
  Nazionale   Mariedda   28 maggio 1895

CHIETI
  Maruccino   Stella   23 maggio 1898

COLONIA
  Municipale   A Basso Porto   18 aprile 1894

FIRENZE
  Pagliano   La Tilda   7 aprile 1892
  Pagliano   Dramma in vendemmia   13 febbraio 1896
  Pergola   Calendimaggio   14 marzo 1910

GENOVA
  Apollo   Nennella   ??/??/1892
  Politeama   Lisia   9 maggio 1905

LIVORNO
  Goldoni   Rosana   17 aprile 1904

LONDRA
  Hippodrome   Zingari   16 settembre 1912

MALTA
  Reale   Ornella d'Abruzzo   2 marzo 1910

MANTOVA
  Andreani   Vendetta zingaresca   15 novembre 1899

MILANO
  Dal Verme   Pagliacci   21 maggio 1892
  Dal Verme   Forturella   7 novembre 1899
  Dal Verme   Jana   2 dicembre 1905

Filodrammatici	Dopo l'Ave Maria	21 ottobre 1896
Filodrammatici	Rosella (Blengini)	25 settembre 1899
Lirico	La sagra di Valaperta	9 maggio 1895
Lirico	Claudia	5 novembre 1895
Lirico	Il voto	10 novembre 1897
Lirico	L'arlesiana	27 novembre 1897
Scala	Silvano	25 marzo 1895

MONTE SAN SAVINO (AR)

Verdi	La spergiura	5 ottobre 1925

MONTECARLO

Casino	Amica	16 marzo 1905

MONZA

Ponti	La bardana	26 marzo 1933

NAPOLI

Bellini	Mastro Giorgio	13 aprile 1892
Bellini	Padron Maurizio	26 settembre 1896
Mercadante	La martire	23 maggio 1894
Mercadante	Vendetta sarda	12 febbraio 1895
Mercadante	A «San Francisco»	13 ottobre 1896
Mercadante	La collana di Pasqua	1° novembre 1896
Politeama	Dore	16 giugno 1909

NEW YORK

Metropolitan	Il tabarro	14 dicembre 1918

NOTO

Littorio	La lupa	21 agosto 1933

OSIMO

Nuovo Fenice	Paron Giovanni	28 settembre 1895

PADOVA

Verdi	A Cannaregio	22 febbraio 1893

PALERMO

Politeama	Santuzza	8 gennaio 1895

PERGOLA

Comunale	Lyna	22 giugno 1907

PERUGIA

Morlacchi	Ave Maria	26 ottobre 1934

PESARO

Liceo Musicale	La bella d'Alghero	1° luglio 1892
Liceo Musicale	Fiorella	10 agosto 1904

PIOVE DI SACCO

Comunale	Alla macchia	25 dicembre 1892

PISTOIA

Mabellini	Mara	27 luglio 1919

REGGIO EMILIA

Municipale	Treccie nere	8 febbraio 1893

ROMA
   Argentina   Mala vita   21 febbraio 1892

ROMA		
Argentina	Mala vita	21 febbraio 1892
Costanzi	Mala Pasqua	9 aprile 1890
Costanzi	Labilia	7 maggio 1890
Costanzi	Cavalleria rusticana (Targioni Tozzetti e Menasci)	17 maggio 1890
Costanzi	Maià	15 gennaio 1910
Costanzi	La grazia	31 marzo 1923
L. Areonautica [sic]	Grazia	18 febbraio 1934
ROVIGO		
Sociale	Cieco	13 maggio 1899
SAVONA		
Chiabrera	Rosedda	20 febbraio 1897
TORINO		
Alfieri	In congedo	1° ottobre 1898
Chiarella	Campane a gloria!	21 novembre 1916
Vittorio Emanuele	Maricca	8 ottobre 1902
Vittorio Emanuele	Iglesias	12 novembre 1907
TRIESTE		
La Fenice	Dramma	14 settembre 1897
Verdi	Nozze istriane	28 marzo 1895
VARESE		
Sociale	Rosella (Dessannai)	2 ottobre 1897
Sociale	Un mafioso	29 settembre 1898
VENEZIA		
La Fenice	Festa a Marina	21 marzo 1893
La Fenice	Il mistero	7 maggio 1921
Malibran	Maruzza	23 agosto 1894
Rossini	Tristi nozze	23 marzo 1893
Rossini	Refugium peccatorum	25 febbraio 1897
VERONA		
Drammatico	Lena	24 aprile 1897
Ristori	Tradita!	12 novembre 1892

Opere di cui non si conosce data e luogo della prima rappresentazione

Sull'Alpi	??/??/1892?
Fior di Sardegna	??/??/1905?
Sacrificio!	??/??/1897?

Finito di stampare
nel mese di maggio 1994
dalla Litografia I. P. in Firenze

HERMES

Musica e Spettacolo nel Novecento
Ricerche e Testimonianze

1. GIANNOTTO BASTIANELLI. *Gli scherzi di Saturno. Carteggio 1907–1927*. A cura di Marcello de Angelis.

2. *I Congressi Internazionali di Musica del Maggio Musicale Fiorentino (1933–1950)*. A cura di Alberto Batisti.

3. STEFANO SCARDOVI. *L'opera dei bassifondi. Il melodramma 'plebeo' nel verismo musicale italiano.*

4. FAUSTO TORREFRANCA. *Giacomo Puccini e l'opera internazionale*. A cura di Giovanni Morelli.

5. LEONARDO PINZAUTI. *Storia del Maggio. Dalla nascita della «Stabile Orchestrale Fiorentina» (1928) al festival del 1993.*